분쟁해결, 갈등관리, 이웃조정, 협상, 조정, 중재?

외국 ADR,
득이 되면 수입하자

분쟁해결, 갈등관리, 이웃조정, 협상, 조정, 중재?

외국 ADR,
득이 되면 수입하자

박철규

ADR 지침서
Alternative Dispute Resolution

머리말

오늘날 ADR은 분쟁해결을 함에 있어서 전통적인 소송을 통한 방식을 대체하는 새로운 방식으로 세계 각국에서 부각되고 있다. 그중에서도 미국은 근대적 ADR의 발상지로서 ADR 제도나 ADR에 관한 산업이 정착되어, 가히 ADR의 종주국이라고 해도 과언이 아니다. 하버드대의 샌더(Frank E. A. Sander) 교수는 일찍이 멀티도어 코트하우스라는 개념을 제시하였다. 이는 그동안 재판이라는 한 개의 문만을 가지는 법원에 다양한 방식으로 분쟁을 해결할 수 있는 여러 개의 문을 두자는 것이다. 멀티도어 코트하우스의 여러 문으로는 판결 외에도 조정을 비롯하여 중재, 사실조사, 간이심리, 옴부즈맨 등이 있다. 이 얼마나 단순하면서도 창의적인 발상인가? 고속도로 톨게이트에 하나의 문만 있다면 얼마나 많은 차들이 한숨을 쉬면서 줄을 서 있을 것인가? 사법행정의 개선을 위해서는 지금도 귀 기울여 들어야 할 대목이다.

ADR은 미국에서 1960년대 후반에 출현하여 1980년대에 이르러서는 이에 대한 연구와 현실 사회에의 적용이 급속히 이루어졌다. 1980년대 후반부터 1990년대까지는 미국의 민간부문에서도 ADR이 번창하게 되었다. 미국에서는 법원의 민·형사 사건의 증가로 인한 법원 업무 처리의 적체 현상,

외국 ADR, 득이 되면 수입하자

또 그로 인해 수반되는 법원시스템 절차의 지연과 비용의 증가로 인하여 누구에게나 적용되던 '정의에의 접근'이 사실상 어렵게 되었다는 점, 상사중재와 같이 특수한 영역에서 차별화된 분쟁해결 방식을 유지할 필요성 등이 복합적으로 어우러져 ADR의 등장을 촉발시켰다. 명실공히 미국은 ADR에 관한 논의와 실제적 활용에 있어서, 또 ADR에 관련되는 산업에 있어서조차 전 세계에서 가장 활발하게 발전된 나라라고 할 수 있는 것이다.

미국 ADR제도의 특성은 법원에서의 ADR(Court-annexed ADR)이 발달해 있다는 점이다. 법원 내에서 재판 외에도 법원 조정, 법원 중재, 조기중립평가, 간이심리, 약식배심심리, 사적판결 등 다양한 방식이 사용되고 있다. 행정부도 마찬가지이다. 정부 내에서 조정이 가장 많이 이용되는 대체적 분쟁해결 방식이기는 하지만, 연방정부의 기관들이 사용하는 방식은 중재, 퍼실리테이션, 파트너링, 갈등코칭, 협상에 의한 규칙제정, 합의형성, 공공참여 등 참으로 다양하다. 그런데 미국의 행정부에서 사용하는 조정 방식은 우리가 말하는 ADR의 조정을 말하며, 조정인 1~3명이 하는 진짜 조정이다. 이는 우리나라 행정형 ADR에서 말하는 민원해결기구처럼 운영되는 분쟁조정위원회 방식과는 다르다는 의미이다. '외국의 ADR을 참고하고, 득이 되면 수입하자'는 말은 바로 이러한 차이를 알고, 우리나라의 행정형 ADR에도 본연의 뜻에 맞는 진정한 의미의 조정제도를 도입하자는 말과 다를 바 없다.

그런데 미국 ADR의 진면목은 역시 민간형 ADR의 성행에서 볼 수 있다. 미국에는 ADR의 종주국답게 많은 민간형 ADR기관이 발달해 있다.

ADR 자체가 분쟁해결을 위한 하나의 산업을 형성하여 비영리단체의 형태뿐만 아니라 영리기관으로도 충분히 자생 능력을 가지고 운영되고 있는 것이다. 그중에서 대표적인 것이 세계 최고의 민간형 ADR기관인 미국중재협회이다. 그 외에도 분쟁해결협회(ACR), 국제갈등예방해결연구소(CPR), 사법중재조정서비스(JAMS), 전미중재포럼 등과 각종 온라인 ADR 제공기관들이 있다. 미국의 민간형 ADR 기관들은 직접 사건을 의뢰받고 분쟁해결을 시행한다. 그에 비해 우리나라는 대한상사중재원을 제외하면 과연 우리나라에 민간형 ADR 기관이 존재한다고 할 수 있는가라는 질문부터 하고 싶은 심정이다. 우리나라의 다른 민간형 ADR 기관은 직접적으로 사건을 맡아 분쟁해결을 하는 정도에는 이르지 못하고, ADR에 대한 교육을 제공하는 수준을 벗어나지 못하고 있는 실정이다.

미국의 이러한 ADR제도와 기관들이 활성화되어 있는 배경에는 1925년에 통과된 연방중재법을 비롯하여 1990년의 행정분쟁해결법과 협상에 의한 규칙제정법, 1998년의 대체적 분쟁해결법에 이르기까지 연방의회의 입법적인 지원이 꾸준히 이루어져 왔다는 점이다. 그에 비해 우리나라에서 2005년에 정부에 의해 제출되었던 공공기관의 갈등관리에 관한 법률안과 2013년에 의원 발의된 대체적 분쟁해결 기본법안 등 ADR 관련 법안들이 계속하여 국회에 제출되었지만, 당국과 관계자들의 관심 부족으로 번번이 법안이 통과되지 못하고 있다. 이러한 우리나라의 실정은 이 책의 내용을 상세히 살펴보아야 할 이유이기도 하다.

미국에 비해 영국은 오래전부터 실무적으로 중재를 발전시켜 왔고, 1698년에는 최초로 중재법을 제정하기도 하였다. 하지만 근대적 의미에서의 ADR의 역사는 그리 오래되었다고 하기 어렵다. 영국의 ADR은 미국에서 1960년대와 70년대에 걸쳐 법정 밖에서 분쟁을 해결하는 대체적인 방법들이 제기되자 이에 대한 반발과 논쟁의 과정을 지켜보면서 싹을 틔우고 있었다. 영국 ADR의 역사는 민사 사법절차의 개혁에 대한 논쟁의 역사와 맥을 같이 한다.

1990년대 중반 이후 영국은 ADR을 향한 개혁 움직임이 활발해졌다. 영국은 21세기의 새로운 중재 환경에 대응하기 위하여 1996년의 새로운 중재법을 통과시켰다. 같은 개혁의 취지에서 울프 경(Lord Wolf)은 1996년에 발표된 '사법에의 접근(Access to Justice)'이라는 보고서에서 당시의 영국 사법제도가 너무 비용이 많이 들고 결론에 이르기까지 너무 시간이 많이 걸리며, 가진 자와 못 가진 자와의 사이에 공평하지 못하는 등 문제가 많다고 지적하였다. 그러한 울프 경의 보고서에 기초하여 1999년 4월에는 민사소송규칙(CPR)이 발효되었는데, 이는 최근 100여 년간 민사소송 절차를 가장 근본적으로 혁신시킨 것으로 평가되었다.

민사소송규칙(CPR)은 국민들이 분쟁해결을 위한 법적 절차를 보다 저렴하고 빠르며 쉽게 함으로써 사법에의 접근성을 높이자는데 목표를 두고 ADR을 영국 민사사법제도의 중심에 갖다 놓았다. 그 핵심 정신도 ADR이 분쟁해결의 주된 방법이어야 하고, 소송은 마지막 수단이 되어야 한다는 것이었다. 따라서 민사소송규칙(CPR)이 발효된 이래 ADR 절차가, 그 중에서도 조정의 이용이 영국에서 현저하게 증가하였다.

그렇다면 독일이나 프랑스 같은 대륙법계 국가들의 ADR 발전 상황은 어떠한가? 독일에서는 전통적으로 국민들로부터 신뢰가 높은 법원과 법관에 의한 재판을 통한 분쟁해결에 대한 자부심이 높았다. 또 영미권의 국가들보다 판결에 이르는 기간이 상대적으로 짧고 소송비용도 많지 않은 점 등을 이유로 화해 제도를 제외하고는 ADR에 대한 관심도 적었다고 볼 수 있다. 따라서 독일에서는 1970년대부터 있었던 미국의 이웃분쟁해결센터 운동이나 스칸디나비아 제국에서 발전한 옴부즈만 제도와 같이 주민이나 소비자들의 분쟁해결 과정에 시민들이 관여하기 시작한 것에 자극을 받은 1970년대 후반에 ADR에 관한 논의가 활발하게 이루어졌다.

독일에서 ADR에 관한 논의는 주로 고액의 절차비용과 장기화되는 절차, 법률 지식의 결여, 복잡한 법률전문용어, 절차와 심급에 대한 무지나 불안으로 인한 정의에의 접근 어려움 등을 개선해야 한다는 주장들이 포함되었다. 하지만 독일에서는 재판절차의 간소화를 중심으로 법원의 업무 부담을 덜기 위한 방편으로서의 ADR 관련법들이 마련되어 왔고, 2012년에 와서야 '조정 및 재판 외 분쟁해결 절차의 촉진을 위한 법'을 제정하였다.

프랑스의 ADR제도는 다른 선진 외국과는 다른 독자적인 특성을 가지고 200년 이상 발달하여 왔다. 그러나 1980년대까지 프랑스에서는 사법 절차가 너무 느리고, 비싸고, 복잡하다는 비판을 받아왔다. 프랑스의 ADR은 조정이나 중재에 관한 독립적인 법률을 제정하는 대신 민사소송법에 화해, 조정, 중재에 관한 규정을 두는 방식으로 발전시켜 왔다. 또 프랑스의 ADR은 노동법과 가족법에서 특히 중요한 역할을 하였다.

우리와 가까운 이웃인 일본이나 중국은 최근 들어서 ADR을 활용하여 분쟁해결의 효율성을 높이는 것은 물론, 국가경제의 성장을 위해서도 ADR제도의 확충을 적극적으로 도모하고 있다. 그 방편으로는 중재법 및 ADR 기본법 등의 제·개정을 통한 ADR 관련 법제의 체계를 구축해 나가는 동시에 ADR의 이용을 권장하는 것이다.

그 밖의 아시아에서도 인도의 1996년도 중재 및 조정법 제정, 인도네시아의 1999년도 중재 및 대체적 분쟁해결법 제정, 필리핀의 2004년도 대체적 분쟁해결법 제정 등을 통하여 ADR법을 제정해 나가고 있으며, 그 법들은 단순히 중재만을 규정하는데 그치지 않고, 대체적 분쟁해결 방식으로 나라에 따라 범위는 달라도 중재 외에 조정, 조기중립평가, 조정-중재, 간이심리 등에 대해 규정하고 있다.

따라서 우리나라의 ADR 발전을 위해서는 ADR의 발상지인 미국의 ADR 제도나 실정에 대한 연구는 물론이거니와, 영국을 비롯하여 대륙법계 국가인 독일, 프랑스와 아시아의 일본이나 중국의 ADR 발전을 위한 노력들을 눈여겨보고, 기타 아시아 국가들의 ADR법과 제도의 확충을 위한 변화 양상들까지 참고할 필요가 있다.

우리나라 ADR 제도의 확산과 정착을 통한 효율적인 분쟁해결을 위하여 외국의 ADR 제도가 우리에게 득이 될 수 있다면, 그들의 역사와 ADR 제도의 발전과정 등을 연구하고 그들의 유용한 제도들은 과감하게 받아들일 수 있어야 할 것이다.

이 책을 출간하면서 외국의 ADR 제도에 대한 설명을 주로 자료에 입각하다 보니, 일부 나라의 세세한 최근 변화상까지 모두 담아내기에는 어려움이 따랐다. 그럼에도 불구하고 ADR에 관하여 참고가 될 만한 나라들의 특성을 파악하는 데는 이 책의 내용만으로도 충족될 것으로 생각된다. 이 책의 출간을 위하여 도서출판 밥북의 식구들을 비롯하여 많은 분들의 지원과 수고로움이 있었다. 이 책이 ADR을 가르치고 연구하는 연구자, 교육자, 학생 등을 비롯하여 각종 분쟁조정위원들과 중재인(중재위원), 분쟁해결센터 관계자들은 물론 갈등관리를 담당하는 공무원이나 실무자들에게 중요한 참고자료로 활용되기를 바란다. 끝으로 이 책이 우리나라의 ADR 발전과 정착에 있어 마중물이 되고, 실무가나 연구자들이 필요시마다 참고하는 외국 ADR 지침서가 되기를 바라마지 않는다.

2020년 2월

여의도에서 박 철 규

머리말 ·4

 제1장 # 서구는 ADR이 얼마나 발전했나?

미국은 ADR 종주국이다 ·16

1. 미국은 법원에서도 ADR이 활성화되어 있다 ·18

2. 미국은 행정부에서도 ADR을 많이 활용한다 ·43

3. 미국 ADR 제도의 진면목은 민간형 ADR의 발전에 있다 ·57

4. 미국의 중재제도는 어떻게 발전하였는가? ·79

영국의 ADR 제도는 뒤늦게 발전했다 ·117

1. 영국 ADR의 발전과정 ·117

2. 새로운 민사소송규칙(CPR)이 영국 사법형 ADR의 틀을 바꾸다 ·123

3. 영국의 ADR 기관은 어느 정도로 발달했나? ·129

독일의 ADR 제도는 대륙법계 국가로서의 특성이 있다 ·133

1. 독일 ADR의 발전과정 ·133

2. 소송 절차상의 화해제도를 알아보자 ·137

3. 소송절차 외의 ADR 제도는 어떻게 되어 있나? ·140

4. 독일에는 ADR 제도 발전의 장애요인이 있었다 ·144

프랑스는 독자적인 ADR 제도를 키워 왔다 ·146

1. 화해제도의 이용 ·147

2. 조정제도의 발전 ·151

3. 중재제도의 점진적 개혁 ·155

아시아의 ADR 제도는 어느 정도인가?

일본은 ADR 제도를 매우 발전시키고 싶어 한다 ·162

1. 일본 사법형 ADR은 어떨까? ·164

2. 일본은 행정형 ADR을 다양하게 이용한다 ·170

3. 일본은 민간형 ADR을 발전시키려고 다각도의 노력을 하고 있다 ·176

4. 일본 ADR법의 개혁 시도 노력에서 우리가 얻을 것은 무엇일까? ·182

중국의 ADR 제도의 발전이 심상치 않다 ·196

1. 중국의 사법형 ADR은 어떠한가? ·198

2. 행정형 ADR의 종류와 특색 ·200

3. 민간형 ADR의 종류와 특색 ·203

홍콩의 ADR 제도 ·221

싱가포르의 ADR 제도 ·224

1. 싱가포르의 ADR 발전과정 ·224

2. 싱가포르의 조정제도 ·226

3. 싱가포르의 중재제도 ·227

말레이시아의 ADR 제도 ·232

인도네시아의 ADR 제도 ·238

필리핀의 ADR 제도 ·244

1. 필리핀의 조정제도 ·245

2. 필리핀의 중재제도와 ADR법 ·247

3. 필리핀은 ADR법에 국가기관인 ADR처를 두고 있다 ·248

세계의 ADR 발전추세에 대한 평가

세계의 ADR 발전추세에 대한 평가 ·252

1. 중재의 ADR로서의 선도적 위치를 알 수 있다 ·253

2. 중재제도에 대한 법원의 태도 변화를 알 수 있다 ·253

3. 최근의 조정에 대한 중시와 조정법의 입법화 추세를 눈여겨보자 ·255

4. 세계 각국은 ADR 기본법을 구축하기 위한 노력을 경주한다 ·256

5. ADR법과 제도의 국제적 기준에의 부합을 위해 공동으로 노력한다 ·257

참고문헌 ·259

제1장

서구는
ADR이
얼마나
발전했나?

미국은 ADR 종주국이다

1960년대 후반부터 미국에서 발전의 모멘텀을 갖게 된 ADR 운동은 이론적이거나 과학적이라기보다는 실용적이고 정치적인 이유에서 그 발전의 동인을 찾을 수 있다(William Twining, 1993: 380). 미국에서는 법원의 민·형사 사건의 증가로 인한 법원 업무 처리의 적체 현상, 또 그로 인해 수반되는 법원시스템 절차의 지연과 비용의 증가로 인하여 누구에게나 적용되던 '정의에의 접근'이 사실상 어렵게 되었다. 그러면서 상사중재와 같이 특수한 영역에서 차별화된 분쟁해결 방식을 유지할 필요성 등이 어우러져 ADR의 등장을 촉발하였다.

미국에서 대체적 분쟁해결은 1960년대 후반에 출현하기 시작하여 1980년대에 이르러 이에 대한 연구와 현실 사회에의 적용이 급속히 이루어졌다. 1980년대 후반부터 1990년대까지는 미국의 민간부문에서도 ADR이 일반화되었다. 명실공히 미국은 ADR에 관한 논의와 실제적 활용은 물론

외국 ADR, 득이 되면 수입하자

ADR 관련 산업에서도 전 세계에서 가장 앞서가는 나라라고 할 수 있다.

미국에서 이렇게 ADR이 성공하게 된 요인은 어디에 있을까? 이에 대해 이동근(2008: 57-60)은 다음과 같이 분석하고 있다.

첫째로 사회심리적인 요인을 들 수 있다. 미국은 초등학교 때부터 공교육이 상호 간에 토론하고 양보하는 태도를 체득할 수 있게 되어 있다.

둘째로 법률제도적 요인을 들 수 있다. 미국은 배심제도가 발달해 있는데, 법률전문가가 아닌 일반인들로 배심원이 구성되어 있어 불확실한 배심재판에서 패소하느니 권리를 조금이라도 양보하는 ADR에 순응하는 편이 낫다고 생각한다. 또 징벌적 손해배상제도의 발달로 파산에 이를 수 있는 거액의 징벌적 손해배상 판결을 피하기 위해서라도 ADR에 응하게 된다는 것이다. 미국에서 변호사 비용은 시간당 보수로 산정되고 특별한 사정이 없으면 변호사 비용은 각자 부담하게 되어 있으므로 오래 끌수록 부담이 커지게 되어 ADR에 응하게 된다는 것이다. 게다가 미국은 1심만이 사실심이고 항소심 이후는 사후심이어서 실질적인 재판은 1심에서 끝나는 것으로 인식되고 있어 그 이전 단계인 ADR로 끝내려 한다는 것이다.

셋째로 ADR 제도가 가지는 여러 장치로 인한 요인을 들 수 있다. 소송 당사자들이 ADR에 합의하고도 ADR의 결과에 불복하는 경우에는 적절한 제재가 이루어지도록 하고 있다. 또 ADR 절차와 본안재판의 구분이 잘 지켜지므로 ADR 자료는 본안재판에서 현출되지 않는 등 ADR 절차에서 허심탄회하게 의견을 교환할 수 있는 보장이 잘 되어 있다. 미국의 본안재판에서는 철저한 증거법에 따라 재판이 진행되지만 ADR 절차에서는 문제해결을 위한 다양한 관점의 토론이 가능하게 되어 있다는 점 등이다.

이에 비해 우리나라는 위에서 언급한 미국의 성공 요인들과는 정반대인 경우가 많아 미국에서 발달한 ADR이 우리나라에서도 성공할 수 있을지는 의문이라는 입장을 보이기도 하였다.

이제 미국의 ADR 제도 중 법원에서의 ADR 제도와 행정형 ADR 제도의 종류와 그 특성을 알아보고, 미국에서 ADR 산업으로 성장하고 있는 민간형 ADR 기관에 대해서 살펴보자.

1. 미국은 법원에서도 ADR이 활성화되어 있다

미국은 일찍이 1937년에 연방 민사소송규칙(the Federal Rules of Civil Procedure)으로 모든 연방 민사사건에서 판사가 화해 협의(settlement conference)를 할 수 있도록 권한을 부여하였다. 하지만 미국의 사법형 ADR(Court-annexed ADR System)은 1960년대의 ADR 운동과 1970년대의 사법행정에 대한 불만 요인을 주제로 하는 파운

외국 ADR, 득이 되면 수입하자

드 회의(the Pound Conference)를 거친 후, 1978년에 펜실베이니아 주 동부지방법원이 법원중재를 채택 시행한 것이 연방 차원에서의 선구라 할 수 있다(손수일, 1996: 57).

또 샌더(Frank E. A. Sander, 1985: 12) 교수는 '분쟁해결센터'로 알려진 포괄적이고 다양한 메커니즘인 멀티도어 코트하우스(MDC: Multi-Door Courthouse)를 제시하였다. 이는 그동안 재판이라는 한 개의 문만을 가지는 법원에 다양한 방식으로 분쟁을 해결할 수 있는 여러 개의 문을 두자는 취지이다. 멀티도어 코트하우스의 중요한 첫 단계는 접수된 사건들을 진단하고 가장 적합한 분쟁해결 방식으로 분류하여 회부하는 사건 회부이다. 멀티도어 코트하우스의 여러 문으로는 판결 외에도 조정을 비롯하여 중재, 사실조사, 전화 상담, 옴부즈맨 등이 있다. 멀티도어 코트하우스는 미국변호사협회의 후원으로 툴사, 휴스턴, 워싱턴 D.C. 등 세 도시에 최초로 실험적인 프로젝트가 실시되었다.

미국의 연방 민사소송규칙에서 최초로 ADR이 승인된 것은 1983년의 개정이라 할 수 있다. 그 개정 민사소송규칙에서는 분쟁해결을 위해 화해나 재판 외의 다양한 절차(extrajudicial procedures)의 활용을 규정하였다(이준상, 2005: 217-218). 하지만 이 규칙에서는 ADR을 명시적으로 규정하지는 않았다. 1988년에는 사법개혁법(the Judicial Improvements and Access to Justice Act)을 통하여 일부 연방지방법원에서 시행하던 기존의 의무적인(mandatory) 중재 외에 임의적인

(voluntary) 중재의 이용을 승인하였다.

1990년에는 민사사법개혁법(the Civil Justice Reform Act)을 제정하여 사법부에 민사재판에서의 비용과 소송지연을 감소시킬 대책(Civil Justice Expense and Delay Reduction Plan)을 요구하면서 ADR을 분쟁해결의 지도원리로 규정하였다. 이는 그동안 각 법원에서 자율적으로 실시하고 있던 개혁이 부진하고 소송의 지연과 비용 증가로 말미암아 미국의 경쟁력을 떨어뜨린다는 연방의회의 인식이 반영된 결과로서 각 지방법원에서 비용 및 지연의 축소계획을 작성하게 하고 제한적으로만 실시했던 ADR에 대하여 전국에 걸쳐 포괄적으로 도입하도록 하는 실험적 개혁의 일환이었다(이점인, 1999: 80-81).

이로 인해 많은 연방지방법원에서 하나 이상의 법원 부속형 ADR 프로그램을 채택하는 등 연방지방법원의 ADR을 획기적으로 보급한 것으로 여겨진다. 또 이 법에서는 계획의 성과에 대한 보고서를 연방의회에 제출하도록 하였는데, 동 보고서에서 연방법관회의는 일선 법원에서 비구속적 중재를 포함한 ADR 프로그램을 계속 발전시켜 나갈 것을 권장하였고, 법원에서 시행된 ADR의 성과를 검토하고 ADR의 이용을 촉진하기 위하여 관련 법령의 개정을 추진해 줄 것을 권고하기도 하였다(황승태·계인국, 2016: 97-101). 하지만 이 법은 한시법으로서 1997년 12월에 만료되었고, 의회의 예산 지원에도 불구하고 일부 법원에서 ADR 프로그램을 실시하지 않았으며(함영주, 2010: 331) 뚜렷한 ADR 도입 효과도 보이지 않은

외국 ADR, 득이 되면 수입하자

것으로 평가되기도 한다(김태한, 2004: 189).

그 후 1998년에 연방의회는 모든 연방법원에서 ADR을 시행할 것을 구체적으로 규율하는 근거법인 대체적 분쟁해결법(the Alternative Dispute Resolution Act of 1998)을 통과시켰다. 대체적 분쟁해결법은 사법형 ADR의 예로써 조정, 조기중립평가, 간이심리, 중재 등을 들면서 각 지방법원이 모든 민사소송의 당사자들에게 소송의 적절한 단계에서 ADR의 이용을 고려할 수 있게 하였다. 또한 대체적 분쟁해결을 주재하는 중립인은 적절한 ADR 교육을 받은 자격이 있는 사람이어야 하는데, ADR 교육을 받은 부판사(magistrate judges)나 사적 부문의 전문적 중립인, 또는 중립인 교육을 받은 사람이 될 수 있게 하였다.

다음에서는 미국의 사법형 ADR이라 할 수 있는 법원에서의 ADR 제도를 살펴보고자 한다. 미국의 사법형 ADR은 혼합형(Hybrid) ADR 방식을 많이 이용하므로 법원에서의 ADR 제도를 고찰한다는 것은 미국의 대표적인 혼합형 ADR의 종류와 특성을 살펴보는 것과 같다고 할 수 있다.

(1) 법원 조정

법원 조정(CAM: Court-Annexed Mediation)은 중립적인 제3자인 조정인의 도움으로 분쟁 당사자 상호 간에 받아들일 수 있는 분쟁의 해결을 기하는 것을 말한다. 일반적으로 조정인은 분쟁의 결론을 직접 제시하지는 않고 당사자들이 서로 협의하여 스스로 해결에 이르도록 돕는 역할을 한다. 즉 결과에 대한 지배권을 당사자에게 맡겨 놓는 것이다.

  1998년의 대체적 분쟁해결법은 모든 연방지방법원에 대하여 분쟁 당사
자에게 최소한 하나의 ADR을 제공하는 ADR 프로그램을 운용하도록 하
였는데, 연방법원이 조정이나 조기중립평가에 참여하였다. 이에 따라 조정
은 미국 연방법원에서 가장 빠르게 성장하는 ADR 방식으로 자리매김하
였다(Ettie Ward, 2007: 83-85). 하지만 조정은 실제 미국의 각 주 법
원별로 다양한 형태로 시행된다. 조정의 이용이 의무적인(mandatory)인
곳도 있고, 임의적인(voluntary)인 곳도 있다. 조정인에 대한 보수도 무
료인 곳이 있는가 하면 시장 가격이나 그보다는 낮은 비용을 지불하는 곳
도 있다. 조정인도 법원 직원인 경우가 있는가 하면, 자원봉사자이거나 외
부의 사적 조정인인 경우도 있다. 조정인의 조정 기법 측면에서도 평가적
(evaluative)으로 접근하기도 하고, 촉진적(facilitative)인 역할을 하는
경우가 있다.

  연방사법제도에 관한 자료 조사, 연구, 교육 등을 담당하는 미국 연방사
법센터가 2011년에 발간한 보고서를 살펴보면 미국 연방법원에서의 ADR
활용 상황을 파악할 수가 있는데, 〈표 1〉과 같이 전체 연방지방법원 중 49
개의 연방지방법원에서 20011년 6월 말까지의 1년 동안에 이용된 법원
ADR의 유형을 보면, 조정이 전체의 63.08%를 차지하여 가장 빈번히 활
용되는 방식인 것으로 나타났다(Donna Stienstra, 2011).

외국 ADR, 득이 되면 수입하자

〈표 1〉 연방지방법원에 회부된 ADR 방식에 따른 사건 수

ADR 방식	사건 수	비율(%)
조정	17,833	63.08
중재	2,799	9.90
※ CA-N multi-option program	4,222	14.93
조기중립평가(ENE)	1,320	4.66
화해 주간(Settlement Week)	522	1.84
약식배심심리	0	0
미니트라이얼	0	0
기타	1,571	5.55
계	28,267	100

※ CA-N multi-option program은 캘리포니아 북구 연방지방법원(the Northern DistrictCourt of California)에서 소송 당사자에게 가장 적합한 대체적 분쟁해결 방식을 선택하도록 지원하는 방식이다.
※ Donna Stienstra(2011: 15)

(2) 법원중재

법원중재(CAA: Court-Annexed Arbitration)는 1952년에 펜실베이니아 주에서 처음으로 시행된 이래 미국 20여 주의 주법원에서 꽤 광범위하게 실시되어 왔고, 1990년 민사사법개혁법 시행 이전에도 일부 연방지방법원에서 실험적으로 시도되었다(Diane P. Wood, 1990: 432-433). 연방법원의 법원중재는 1978년 법무장관 그리핀 벨(Griffin Bell)의 주도로 샌프란시스코, 필라델피아, 코네티컷 소재의 연방지방법원에서 먼저 실

험적으로 도입하여 일정한 조건을 충족하는 사건에 의무적인 중재 프로
그램을 시행하였다. 이 실험적 프로그램들은 두 가지 제한을 두었는데, 하
나는 오직 금전적인 청구를 요구하는 사건에 한정하였고, 다른 하나는 소
송 가액이 너무 큰 사건은 재판을 통해 해결할 필요성이 더 크므로 그 대
상 사건에 대해 소송 가액의 제한을 두는 것이었다. 이러한 법원중재는 사
건 처리에 상당한 시간이 절감되는 효과가 인정되었으며, 미국 연방과 주
를 불문하고 가장 오랜 역사를 가진 사법형 ADR 중 하나이다.

법원중재는 법원이 당사자들의 동의가 있을 경우 법원에서 선임
한 중재인에게 중재판정을 내리게 하고 이에 대하여는 이의 신청을 허
용하지 않는 자발적이면서도 구속적인 법원중재(Court-Annexed
Voluntary Binding Arbitration)도 있으나, 보다 일반적인 형태는 의
무적(mandatory)이지만 비구속적인(nonbinding) 중재이다. 이는 제기
된 소송 중에서 일정한 분쟁의 종류에 해당하거나 소송물의 가액이 일정
한 요건에 해당할 경우에 법원에 부속된 중재 절차를 거치지 않으면 정
식재판을 받을 수 없도록 한 것이다. 일종의 중재전치주의를 채택한 것
과 같은 제도이다. 하지만 사건의 성격이 맞지 않는다고 생각되면 법원에
의해 법원중재가 면제되기도 하는가 하면, 법원중재에 해당되지 않는 사
건인 경우에도 자발적으로 신청하여 인정되는 경우도 있다(Stephen B.
Goldberg, Frank E. A. Sander, Nancy H. Rogers, 1999: 373).

법원에 의해 선임된 중재인은 보통 무보수로 봉사하거나 최소한의 수당

외국 ADR, 득이 되면 수입하자

을 받는 변호사나 퇴직 판사 중에서 선발되는데 간소화된 비공식적인 방식으로 심리를 진행한다. 심리 종결 후 중재판정을 내리면 당사자로부터 이의신청이 없는 경우 판결과 같은 최종적인 효력을 갖게 되고, 이의신청이 있으면 본래의 소송절차로 돌아가게 된다. 이때 이의신청을 제기한 당사자가 나중에 더 유리한 판결을 얻지 못할 경우에는 변호사 보수를 포함한 소송비용을 부담하게 함으로써 이의신청의 남용을 방지하는 제도를 두고 있다. 법원중재가 의무적으로 운용되는 경우 헌법상 재판을 받을 권리를 침해한다든가, 사법권을 판사에게 부여한 연방 헌법에 위배된다든가, 특정한 분쟁이나 일정한 소가 이하의 분쟁에만 법원중재를 적용하는 것이 평등권 침해라는 등의 논란이 있으나, 이의신청을 통하여 정식재판을 받을 권리를 부여하는 한 헌법 위반은 아니라는 것이 미국 법원들의 입장이다.

법원중재는 주로 법률이나 법원규칙에 규정되어 있는데, 1980년대 후반에 10개의 연방지방법원이 법원중재를 도입할 때만 해도 상당히 긍정적이었으며 한때는 미국 3분의 2 이상의 주와 많은 연방지방법원에서 채택하기도 하였다. 캘리포니아 북구 법원에서 시행된 법원중재 이용자에 대한 조사에서는 비용, 시간, 공정성 측면에서 가장 선호하는 사건 결정자가 누구냐는 질문에서 응답자의 54%가 중재인, 29%가 판사, 11%가 배심원, 무관함이 7%였다고 한다(E. Wendy Trachte-Huber & Stephen K. Huber, 2007: 460-461).

하지만 최근으로 올수록 법원중재는 그 이용 빈도가 점차 줄어들고 있으며, 법원중재가 그렇게 효과가 있지도 않고 비용 절감에도 도움이 되지 않으므로 폐지되어야 한다는 주장이 많이 제기되고 있다. 1998년에 제정된 ADR법에서는 ADR의 의무적 이용을 규정하면서도 의무적 법원중재에 대해서는 배제하였다. 따라서 연방법원은 모든 당사자의 동의가 없으면 사건을 법원중재에 회부할 수가 없게 되었다. 법원중재는 일부 주에서 여전히 활용되고 있지만 대체로 조정이나 다른 ADR 방식에 의해 그 역할이 잠식되고 있다.

(3) 조기중립평가

조기중립평가(Early Neutral Evaluation)는 1982년에 캘리포니아 북부 연방지방법원장이었던 페캄(Robert F. Peckham) 판사가 전통적인 민사소송 절차에 따르는 비용과 시간을 줄이기 위하여 효율적인 ADR 제도를 개발하도록 임명한 태스크 포스를 통해 나온 연구와 검토의 산물이다(Wayne D. Brazil et al., 1986: 279). 그 태스크 포스는 대부분 변호사들로 구성되어 있었는데, 법원의 업무경감보다는 소송에서 본안심리 전 비용과 소송절차의 지연을 줄이는 데 주안을 두었다. 이들은 소송 당사자들이 분쟁의 내용과 성격에 대해 제대로 이해하고 있지 않은 경우가 많으므로 소송 초기 단계에서 당사자 간의 의사소통을 원활하게 해주는 것이 중요하다고 생각하였다. 따라서 소송 초기에 사건의 쟁점을 제대로 분석·평가하여 합의안을 제시해 주면 시간과 비용을 줄이고 분쟁해결을 조기에 달성할 수 있다는 점을 확인하였다.

외국 ADR, 득이 되면 수입하자

이들은 소송절차 중에서 당사자의 비용을 가장 절감할 수 있는 부분은 증거 개시(discovery)를 포함한 쟁점형성과정이라고 판단하였다. 2년여에 걸쳐 조기중립평가를 시험적으로 실시한 결과, 당사자 및 대리인 쌍방으로부터 사건에 대해 보다 확실하게 이해되었으며 핵심적인 쟁점의 확인을 통하여 사건 해결을 촉진할 수 있었다는 호평을 받았고 마침내는 1985년에 성문화되어 제도화하기에 이르렀다.

중립평가인(neutral evaluator)은 법률문제에 경험이 많으며 존경을 받는 중립적인 변호사를 임명하여 법원에서 중립평가인으로 훈련을 시키는데, 자원봉사 형식으로 무보수로 하는 것을 원칙으로 하였다. 그러나 사건의 성격상 너무 많은 시간이 소요되고 당사자들의 부담 능력이 있다고 인정되는 경우에는 비용부담을 명하는 경우도 있다. 또 처음의 세션은 무료로 하고 그 이상의 세션에서는 평가자의 선택에 따라 유료로 전환할 수도 있다. 대개 중립평가인이 2시간 정도의 표준시간 동안 각 당사자와 그들의 변호사들을 소송의 초기 단계에서 증거 개시(discovery)가 있기 전에 만나 그들의 주장 및 증거를 확인하고 쟁점을 평가하여 그 사건에 대한 합의안을 제시하는 방식으로 절차를 주재하게 된다. 조기중립평가에 회부되는 사건은 양 당사자가 회부를 합의하거나 한쪽 당사자가 법관에게 신청하여 허락을 받아 진행하는 경우도 있지만, 법원 규칙에 의하여 일정한 요건에 해당하면 의무적으로 회부하게 되어 있는 경우가 많다.

조기중립평가의 진행 절차는 우선 법원이 중립평가인을 인선하여 양 당사자에게 통지하는데, 중립평가인은 중립평가 기일을 정해 양 당사자에게 통지하는 식으로 진행한다(Joshua D. Rosenberg & H. Jay Folberg, 1994: 1490-1491; 이점인, 1999: 91-93). 양 당사자는 중립평가 기일 전에 소송에 계류 중인 사건의 쟁점이나 출석예정자 등을 기록한 서면을 중립평가인에게 제출한다. 당사자는 변호사와 함께 참석하는데, 모두 참석하면 먼저 중립평가인이 절차와 방식에 대한 개요 설명을 하고, 원고나 원고 측 대리인이 교대로 약 15분에 걸쳐 사건에 대해 진술하고 관련 증거를 설명한다. 이때 상대방이 이의를 제기하거나 중립평가인이 중간에 끼어드는 것은 인정되지 아니한다. 또한 증인이나 관련 전문가를 대동할 수는 있으나 증인에 대한 신문은 허용되지 아니한다.

양측의 진술이 끝나면, 중립평가인은 양 당사자에게 이슈를 명확하게 하도록 보충 진술을 시키고 양측 주장의 강약을 탐색하기 위한 질문과 답변 시간을 갖는다. 이를 바탕으로 중립평가인은 분쟁의 주된 원인이 무엇인가를 파악하고, 사건의 쟁점과 양측의 입장에 대한 평가서를 작성하게 된다. 평가서에는 주장 및 증거의 강약과 어느 측이 유리한가를 판단하여 원고가 승소할 경우 배상액의 상하한선을 산정하기도 한다. 최종적으로 중립평가인은 평가서를 공개하기 전에 양 당사자에게 합의하겠는지 의견을 물어 계속 논의하여 이를 조정하고, 합의에 이르지 못하면 평가서를 양 당사자에게 공개하여 양자의 차이를 인식시키며 보다 쉽게 해결에 이를 수 있는 대안을 제시하기도 한다.

조기중립평가 절차가 끝나면 양 당사자는 후속의 세션을 합의할 수 있는데, 법원의 동의하에 평가자에게 추가적인 세션을 진행하게 할 수가 있다. 평가인은 사건을 단순화시키고 재판 절차에서 보다 신속하고 효율적으로 대응할 수 있도록 당사자에게 도움을 주는 것이다(Stephen B. Goldberg, Frank E. A. Sander, Nancy H. Rogers, 1999: 374). 조기중립평가 절차에서 당사자의 변호사와 당사자, 그리고 사안에 따라서 보험업자의 동의가 필요한 경우에는 그들의 참석은 필수적이다. 조기중립평가 절차를 진행할 때 교환된 정보나 합의내용은 관계자 전원의 동의가 없는 한 나중에 재판하는 법원은 물론 제3자에게 비밀로 한다.

오늘날의 조기중립평가 절차는 원래의 그것과는 차이가 있다. 이제는 단순히 조기중립평가의 평가적 기능에서 나아가 당사자가 모두 동의하면 조정이나 화해 협상으로 전환할 수가 있다. 캘리포니아 북부 연방지방법원에 따르면 법원이 전문적 지식이 있는 평가자를 확보하고 있는 경우에는 조기중립평가가 모든 민사적 사건에 적용될 수 있으며, 그중에서도 기술적이거나 특별한 전문성이 필요한 사건일 경우 또는 커뮤니케이션을 통하여 사건 해결이 용이해질 수 있는 사안에 더욱 적합한 것으로 소개하고 있다(ttp://www.cand.uscourts.gov/ene).

(4) 간이심리

간이심리(Mini-Trial)는 법원 밖에서 많이 사용되는 방법이었는데 법원에서도 이를 약간 변형하여 채택하였다. 간이심리는 사실상 재판이 아니며 판사에 의해 시행되지 않고 법원 밖에서 주로 시행되기 때문에, 법원 부속형 ADR이라기보다는 사적인 ADR로 흔히 분류되기도 한다. 이는 주로 기업 간의 분쟁 해결을 위해 이용되는 방식이다.

간이심리는 1977년에 TRW사와 Telecredit사 간의 특허권 침해 분쟁 사건의 해결을 위해 캘리포니아에서 최초로 활용된 것으로 알려져 있다 (Ronald L. Olson, 1980: 22). Telecredit사의 특허권이 TRW사의 제품에 의해 침해되었다는 주장에 대해, TRW사는 Telecredit사의 특허권이 효력이 없는 것이라고 반박하였다. 그 분쟁은 원래 1974년에 연방지방법원에 소송 상태로 있었는데 3년 가까운 세월 동안 재판 일정도 정해지지 않고 Telecredit사 측의 중재 제안이 TRW에 의해 거절되고 있던 상태였다. 이에 새로운 화해교섭 절차가 고안되었고, 양사의 대표 임원 앞에서 쌍방의 변호사가 회합을 가진 후에 다시 대표 임원 간에 화해 협의를 통해 결국에는 합의가 성립되었다. 이에 따라 양사는 막대한 소송비용을 절감할 수 있었다.

간이심리는 기업의 의사결정권을 가지는 기업의 임원들과 중립적인 조언자(Neutral Adviser)로 구성되는 패널 앞에서 각 당사자의 변호사들이 간단한 변론을 한 후, 기업의 임원들이 직접 협상을 함으로써 해결책을 모색한다(Stephen B. Goldberg, Frank E. A. Sander, Nancy H. Rogers, 1999: 281-282). 이때 협의가 잘 안 되면 중립적인 조언자에게 재판에 들어섰을 경우 결과가 어떻게 될 것인가에 대해 의견을 묻는다. 간

외국 ADR, 득이 되면 수입하자

이심리 절차는 기본적으로 당사자의 자율적인 협의로 결정되는데 소송이 제기되기 전이나 소송 계속 중에 당사자들이 간이심리 절차에 대해 합의를 한다. 따라서 간이심리 절차는 법률적으로나 계약상 의무적으로 하게 되어 있지는 않으며, 언제든지 당사자가 원하면 그 절차를 끝낼 수 있다.

간이심리 절차에 대해 합의를 하면 합의서에 서명하게 된다. 그 합의서의 내용으로는 대상이 되는 분쟁, 증거 개시(Discovery), 교환할 문서의 서식, 화해 합의를 할 권한을 갖게 되는 심리패널(hearing panel)의 구성, 당사자의 권한과 의무 등이 담기게 된다. 간이심리에 들어가기 이전에 당사자는 중요 서류, 증거물, 증인들의 증언 등에 대해 비공식적으로 교환을 하여 당사자 대표들이 간이심리 전에 읽을 수 있도록 하고, 신속 증거 개시 절차에 대해 합의할 수 있다.

또한 퇴직판사나 분쟁해결 전문가 또는 특정 분야 전문가 중에서 중립조언자(Neutral Adviser)를 선임하여 간이심리 절차를 주재하게 한다. 심리패널이 구성되면 그 앞에서 쌍방 당사자의 입장을 대변하는 변호사나 전문가 증인이 각각의 입장을 요약하여 주장하게 한다. 이때 심리패널은 변호사의 주장에 대해 판사나 배심원처럼 자유로이 의문점을 질문할 수 있다. 중립조언자는 구속력 있는 결정은 할 수 없으며 질문이나 조정만을 할 수 있다.

간이심리 절차의 가장 큰 특징은 변호사에 의한 변론의 대상이 판사나, 배심원과 같은 제3자가 아니라 심리패널이라는 점이다. 따라서 당사자 쌍방의 대표자들은 당사자의 입장을 떠나 제3자의 시각으로 자신의 입장의 강약을 판단하여 교섭에 임할 수 있다. 간이심리가 끝나면 심리패널들은 변호사들을 배제한 상태에서 교섭에 들어가는데, 이때 중립조언자가 그 교섭에 참가하여 조정을 시도하고 판결 결과를 예측하기도 해준다. 따라서 간이심리에서 유능하고 경험 많은 중립조언자(Neutral Adviser)를 선임하는 것이 매우 중요한데, 당사자의 주요 관심사는 그 중립인이 상대방 당사자에게 재판 대신 합의에 이르는 것이 훨씬 낫다는 것을 조언해서 유도해주기를 바라는 것이다. 그래서 대부분의 경우에는 전직 판사를 중립조언자로 선호한다. 하지만 특정 부문의 전문가를 선호하는 경우도 있다.

간이심리 절차는 2일 정도가 평균이지만 짧게는 반나절에서 길게는 3-4일 정도 소요되기도 한다. 따라서 각 당사자를 대리하는 변호사의 설명은 대개 1시간에서 6시간 정도로 한정된다. 그 짧은 시간을 이용하여 최대의 효과를 내기 위해 증인을 부르거나 중요 서류, 또는 시청각 도구 등을 적절히 활용한다. 간이심리 절차에서 증거 법칙은 적용되지 않는다. 따라서 증인의 증언은 재판에서처럼 질문과 답변 형식으로 하지 않고, 변호사가 비공식적인 질문을 하는 과정에서 대화하는 형식으로 이루어진다. 간이심리 절차는 비공개로 진행되며, 후속의 절차에서도 간이심리에서 언급된 사항들에 대해서는 비밀이 유지된다.

간이심리 절차는 법원중재와는 달리 복잡한 사건의 해결에 이용되는 것이 보통이므로 고액 사건에 많이 쓰이거나 다소 비용이 많이 드는 절차로 알려져 있는데, 법률적으로 복잡하거나 전문적이 분야인 특허권 침해 사건, 독점금지 사건, 제조물 책임 사건, 불공정 거래 사건이나 부당해고 사건 등의 해결에 많이 활용된다(Philip J. Harter et al., 1991: 534-537). 간이심리 절차의 장점으로는 회사의 사정을 잘 아는 관리자에게 결정권을 준다는 것, 절차의 신축성이 높은 것, 관계나 비밀이 보장된다는 것, 시간과 비용을 절약할 수 있다는 것 등을 들 수 있다. 한계로는 일부 이슈에는 적합지 않을 수 있다는 것, 관리자에게 추가적인 업무 부담을 준다는 것, 최선의 대안은 아니라는 것, 간이심리에 합의하는 것은 스스로 약점을 가지기 때문이라는 것, 간이심리가 특별히 새로운 해결방법은 아니라는 것 등이다(E. Wendy Trachte-Huber & Stephen K. Huber, 2007: 494).

(5) 약식배심심리

약식배심심리(SJT: Summary Jury Trial)는 간이심리를 통한 중립적인 조언자의 예측보다도 사건을 보는 배심원의 반응에 의해 보다 직접적인 정보를 얻고자 하는 간이심리의 응용이라 할 수 있다(Stephen B. Goldberg, Frank E. A. Sander, Nancy H. Rogers, 1999: 286). 약식배심심리는 1980년 오하이오 북부지구 연방지방법원 램브로스(Thomas D. Lambros, 1984) 판사에 의해 화해를 촉진할 목적으로 고안된 제도로서, 배심심리에 적합한 사건에 대하여 당사자(통상은 대리인인 변호사)가 배심원에게 중요 쟁점을 설명하고 이에 대하여 배심원이 구속력이 없는 권고적 평결을 내리면, 이것을 협상의 시발점으로 하여 당사자 간에 화해가 이루어질 수 있도록 하는 분쟁해결 방식이다. 이는 사건의 결과에 대해 과대한 기대를 걸기 쉬운 당사자에게 합리적인 평결을 예측할 수 있도록 현실성 있는 실험을 해 볼 기회를 준다는 데 의의가 있다.

약식배심심리의 실시 순서는 일반 재판의 경우와 거의 변함이 없는데, 증거 개시(Discovery)나 공판 전 협의(Pretrial Conference) 등이 종료된 단계에서 당사자의 신청이나 판사의 직권으로 약식배심심리로 이행된다. 약식배심심리는 연방지방판사 또는 부판사(magistrate judge)가 주재하는데, 배심원은 배심원 명부에서 선출되며 배심원에게 평결이 구속력이 없다는 사실을 고지하는 경우도 있으나 대개는 모의재판이라는 사실을 알려주지 않고 실시된다. 따라서 약식이라고 하지만 정규 배심원에 의한 공식적인 배심재판처럼 시행한다.

각 당사자를 위한 변호사들이 재판에서 채택될 수 있는 증거들에 근거해서 간략한 설명을 하면, 배심원들은 신중히 듣고 평결을 내린다. 따라서 약식배심심리에서 가장 중요한 요소는 변호사들의 증거에 대한 약식 설명이다(Stephen J. Ware, 2007: 342-343). 배심원들의 평결이 나오면 양 당사자 및 변호사는 배심원들의 평결과 관련하여 질문을 할 수 있는데, 평결에서 공개된 숫자나 사실 인정을 화해 협의의 기준으로 삼을 수 있다. 화해가 실패로 끝났을 경우에는 당사자는 다시 통상적인 재판을 받을 수 있는데, 배심원의 평결은 재판에서 받아들여지지 않는다.

외국 ADR, 득이 되면 수입하자

약식배심심리는 사건의 종류와 관계없이 적용할 수 있지만 공정거래 사건, 제조물 책임을 비롯한 상사 분쟁 사건이나 상해 사건 등 분쟁 내용이 특이하거나 복잡하고 사건이 오래 가는 경우에 적합한 것으로 알려지고 있다. 약식배심심리는 아마추어 집단인 배심원들의 반응을 시험적으로 확인해 볼 수 있다는 점이 장점이기는 하지만 배심원의 구성이 달라지면 평결도 달라질 수 있어 법원중재나 조기중립평가보다 결과에 대한 예측력이 떨어질 수 있다는 비판이 있고, 배심원의 평결이 구속력이 없다는 사실이 알려지면 배심원들의 자각이 손상될 수 있다는 우려가 있다(Richard A. Posner, 1986: 386-387).

또 약식배심심리가 복잡한 사건을 해결하는 경우가 있지만 어느 정도의 성공률을 가지는지는 알기 어렵고, 사건의 신속한 해결이란 측면에서도 약식배심심리 이전 단계에서 개시(discovery) 절차와 많은 비용이 이미 발생되어 그리 장점을 제공하고 있지는 않다고도 할 수 있다. 약식배심심리는 사건 당사자들이 간략한 심문 절차를 통해 신속하고 효율적으로 자신들의 입장을 주장함으로써 실제 배심원들로부터 얻어질 가능성이 높은 평결을 미리 알아보는데 의미가 있으며, 약식배심심리에서 합의가 이루어지지 않는 경우에는 신속 일정으로 다시 정식재판에 회부된다(Neil Vidmar & Jeffrey J. Rice, 1991: 96).

약식배심심리는 실제 현장에서는 약간씩 다르게 운용될 수밖에 없다. 플로리다 주 법원에서 실시되는 약식배심심리의 경우를 예를 들어 살펴보자 (http://www.nadn.org/articles/BatemanThomas-TheSummaryJuryTrial-AnIntroduction(June2010).pdf). 플로리다 주에서는 약식배심심리가 조정이나 중재와 같은 다른 ADR 방식이 실패할 경우에 성공적으로 사용되기도 한다. 약식배심심리는 실제 재판보다 낮은 비용과 리스크를 적게 하여 배심원의 사건에 대한 인식을 알아보는 데 이용된다. 보통 반나절 정도의 시간 동안 이루어지며 당사자의 다른 합의가 없는 한 구속력은 없는 것으로 한다. 이는 당사자의 합의가 있으면 구속력이 있는 것으로 할 수도 있다는 의미이다.

약식배심심리 절차에는 신속한 합의 형성에 목적이 있으므로 완전한 합의 권한이 있는 당사자의 대표가 참석할 것이 요구된다. 그 절차는 일반에게 공개되지 않으며 당사자의 요청에 따른 법원의 명령이 없으면 기록되지도 않는 것이 원칙이다. 진짜 재판과 같은 분위기를 위해서 판사나 심리관(hearing officer)이 직접 주재한다. 배심원은 10명에서 12명으로 되어 있는 후보 중에서 6명 정도가 선정된다. 주재자는 절차의 모두에서 약식배심심리의 취지와 목적을 설명하지만, 당사자의 요청이 없으면 그들의 평결이 비구속적이라는 것을 강조하지는 않는다. 각자의 변호사는 증거를 제시하고 읽을 수 있지만 너무 장황하게 길게 읽는 것은 제한되며, 증인을 대동하는 것도 인정되지 않는다. 일반적으로 변호사는 1시간 정도 설명을 하며, 양측은 주장의 요지를 배심원들에게 배부한다. 이때 배심원들의 질문이 허용되며 메모도 허용된다.

외국 ADR, 득이 되면 수입하자

판단 단계에서 배심원들은 만장일치나 합의된 평결을 내놓는데, 합의가 안 되는 경우에는 각자의 평결을 내놓기도 한다. 그러면 주재자나 당사자 및 변호사는 배심원들에게 평결이 어떻게 이루어졌는지 또는 사건의 내용에 대한 의견 등을 질문할 수 있다. 약식배심심리의 종반에서 주재자와 변호사들은 후속 회의를 하는데, 여기에서는 합의가 주요 목적이다. 합의를 위한 토의가 실패하면 원래의 스케줄에 따라 정식재판으로 넘어가게 된다.

(6) 사적판결

사적판결(Private Judging)은 1970년대에 캘리포니아에서 발전한 제도이다. 이는 소송 계속 중에 당사자의 합의가 있으면 소송에 관련된 쟁점을 심리하기 위해 필요한 모든 권한을 부여받은 판결수탁자(Referee)가 법원 밖에서 내린 판정의 결과를 판사에게 보고하여 이를 법원의 판결로 성립하게 하는 것이다. 이러한 판결은 법원에 의한 판결과 동일한 효과를 갖는다. 캘리포니아에서는 민사 분야, 그중에서도 가족법에 관한 사건에 주로 이용되었다. 사적판결은 Rent-a-Judge, Judge for Hire, Order of Reference 등으로 다양하게 불린다.

판결수탁자는 재판의 경험이 많은 퇴직판사를 선임하는 경우가 많은데 쟁점이 되는 사업이나 기술 분야의 전문가나 분쟁해결 절차에 관한 전문가를 선정하기도 한다. 사적 판결은 협상이나 조정으로 해결되기 어려운 사건을 비교적 신속하게 전문가의 결정으로 해결한다는 측면에서는 중재와 유사한 측면이 많다고 할 수 있다. 하지만 중재인에 의해 독립적으로 판정이 내려지는 중재와 달리 사적 판결은 법원의 감독하에 이루어진다는 데 차이가 있다(http://www.crinfo.org/coreknowledge/private-judging).

　사적판결을 이용하려면 먼저 법원에 통지를 하고, 판결수탁자의 역할 등 합의한 사항에 대해 법원에서 사인을 해야 한다. 판결수탁자의 판정에 불만이 있으면 해당 법원의 판사에게 이의를 제기할 수 있으며, 이 신청이 기각되면 항소가 가능하다. 사적판결은 소송과 같은 절차를 이용하는 대신 당사자만을 위한 판결수탁자를 통하여 시간을 절약하는 신속성이 가장 큰 장점이다. 또한 절차에서도 당사자가 상당한 통제권을 행사할 수 있다. 그러나 퇴직판사나 경험 많은 전문가를 이용하다 보니 판결수탁자에게 상당한 보수를 지급해야 하므로 비용이 많이 든다는 단점이 있다. 따라서 사적판결은 복잡한 상사분쟁이나 유명연예인의 이혼 관련 사건 등에 이용되는 경우가 많고 부자들만을 위한 제도라는 비판이 있다. 그러나 정식재판에 걸리는 기간과 재판을 위해 기다리는 시간 등을 고려한 비용을 감안하면 궁극적으로는 사적 판결 비용이 크다고만 할 수도 없다는 반론이 있기도 하다.

(7) 특별보조판사에의 사건신탁(Reference to Special Masters)

　특별보조판사는 원래 법원의 명령이 제대로 수행되는지를 감독하는 역할이지만 현재는 특정 업무를 처리하기 위해 법원에 의해 임명되어 제한적인 사법적 권한을 행사한다. 일반보조판사(General Masters)가 보

　　　　　　　　　　　　　외국 ADR, 득이 되면 수입하자

다 넓은 의미의 전반적인 업무를 처리한다고 하며, 특별보조판사(Special Masters)는 특정 업무에 국한되는 점에 차이가 있다고 할 수 있으나 양자가 구별 없이 사용되기도 한다(Howard R. Marsee, 2007). 재판관을 돕는 보조판사는 미국 법률제도에 앞서 영국 보통법에서 비롯되었다. 미국에서는 보조판사의 이용이 일찍이 식민지 시기부터 법원의 업무 과중을 막기 위하여 이용되었다. 그 후 연방민사소송규칙과 각 주의 민사소송규칙에 규정되어 활용되고 있다.

소송이 갈수록 규모가 커지고 복잡해짐에 따라 보조판사의 활용 필요성이 증가하였음은 당연하다. 보조판사의 업무는 재판 전 개시(discovery), 조정의 촉진, 판사에의 권고나 보고, 복잡한 이슈에 대한 조언, 변호사로 구성된 자문위원회의 의장 역할, 집단 소송 보조 등에 이르기까지 광범위하다. 보조판사가 되기 위한 자격은 특별히 정해지지는 않으나 일반적으로 변호사일 것을 요하는 경우가 많다. 다만 회계, 특허, 과학기술 등 전문적인 분야에서는 반드시 변호사일 것을 요구하지 않는 경우도 있다. 보조판사에 대한 보수는 법원이 그 수준을 정하지만, 받는 것은 당사자로부터 받거나 기금 등으로부터 주어진다. 당사자가 주는 경우에는 소송에 진 측에서 부담하게 하거나 법원이 양 당사자에게 부담액을 정하기도 한다.

연방민사소송규칙 제53조는 법원이 특별보조판사를 임명할 수 있는 요건을 규정하고 있다. 법원은 당사자의 동의를 얻은 사항을 수행하기 위해서만 특별보조판사를 임명할 수 있다. 또한 비배심 사건에서 아주 예외적인 고려가 필요한 사건이나 기술적인 회계 처리가 필요한 사건, 손해액 산정이 매우 어려운 사건 등에서 재판 절차를 진행하거나 중요한 사실 관계에 대한 조언을 하는 경우에 임명된다. 그 외 재판 전 단계나 재판 후속 단계에서 판사들이 할 경우 시간적으로나 효율성의 측면에서 제대로 처리하기 어렵다고 인정될 때 보조판사를 이용한다.

특별보조판사의 임명은 예외적으로 인정되어야지, 어떤 규칙에 의해 자동으로 되는 것은 아니라는 것이 기본적인 취지이다. 특히 보조판사를 임명할 때 법원은 당사자에게 통보하여야 하며 당사자는 후보자를 제안할 수도 있다. 그런데 La Buy v. Howes Leather Co. 사건에 대한 판결에서 대법원은 독점금지 사건에 대해 사안이 복잡하다고 하여 보조판사를 임명하는 것이 연방민사소송규칙 제53조에 합치되는 것은 아니라고 엄격한 입장을 피력하였다(Margaret G. Farrell, 1994: 945-967). 단순히 법적 이슈나 증거의 성격으로 인한 복잡성, 누적된 법원 서류로 인한 지연 등이 특별보조판사를 임명할 수 있는 요건을 충족시키는 것은 아니라는 것이다. 특별보조판사는 중요 내용을 결정하지 않는 사항, 재판 전 단계, 후속 배상 조치 문제 등과 같이 제한적인 사항을 위탁하는 것에 한정해야 한다는 취지이다.

하지만 현실적으로 이러한 입장은 오늘날 실제의 법원에서는 많이 완화되어 운영되고 있다. 현재는 과학적 지식이나 기술적 전문성이 필요한 사건이나 복잡한 사안의 경우에 특별보조판사에게 재판 전 절차에서 증거 개시(discovery) 절차의 관리, 사건에 대한 판사에의 전문적 조언, 과학적 정보제공을 통하여 당사자의 입장 차를 줄이기 위한 조정 역할, 심지어 책임을 결정하는데 필요한 사실 관계에 대한 권고 단계와 배상 명령의 조언에 이르기까지 다양한 권한을 부여하여 그 사건의 원활한 처리를 돕게 하고 있다.

이러한 예로 1980년대 초 오하이오 주의 석면 중독 집단소송에서 램브로스 판사는 그린과 맥거번(Eric Green & Francis McGovern), 두 법학교수를 특별보조판사로 임명하여 석면 사건의 단계별 사건관리계획을 계발하도록 하였다(Wayne D. Brazil, 1986: 399-402). 두 교수는 사건 변호사들과 긴밀히 협력하여 유사한 석면 사건 관련 자료를 검토하고, 두 개의 표준화된 자료를 마련하였다. 하나는 원고들에게 제공하기 위한 정보의 수집을 위한 질문지이고, 다른 하나는 질문이나 서류 요청 또는 증인 확보 등을 위한 증거 개시(discovery)의 양식이었다. 이를 통해 사건의 관리를 효율적이고 용이하게 할 수 있었다.

추가적으로 램브로스 판사는 합리적이고 신속한 화해가 최선의 해결책임을 인식하고, 그린과 맥거번 교수에게 전문지식을 활용하여 다른 석면소송에 대한 평가와 보상해야 할 피해액의 산정을 계량화하도록 하였다. 이들은 컴퓨터를 활용하여 석면 사건들에 관한 데이터를 정리하고 사건 당사자들의 합리적인 책임범위나 보상액에 대한 자료를 제공하였다.

한편 특별보조판사는 부판사(magistrate)와 구별된다. 부판사는 주로 전임직이고 정부가 보수를 지급하며 제너럴리스트인 법원 공무원이다. 부판사는 주로 변호사 자격이 있는 사람을 전임직으로 임명하지만, 그러한 자격 요건이 있는 사람을 구하기 어려운 관할에서는 비변호사를 파트 타임으로 고용하는 경우도 있다. 부판사 제도는 과거 미국에서 'commissioners'라고 하였는데, 1968년에 연방부판사법(the Federal Magistrate Act)을 제정하면서 그 명칭을 'magistrates'로 대체하였다. 이는 주별로 조금씩 다르게 발전해 가는데, 웨스트 버지니아나 조지아 주에서는 임명되지 않고 선거로 선출되기도 한다(Coolley, 1984: 375).

그에 비해, 특별보조판사는 파트 타임직이고 당사자가 보수를 지급하며 스페셜리스트인 사인으로서 변호사나 법학교수, 퇴직판사 등이 사건에 따라 위촉된다. 특별보조판사는 자신의 판단으로 회계사나 기타 전문가를 고용할 수도 있다. 특별보조판사를 임명하는 것은 법원 고유의 권한 범위 내에 있는 것으로 인정된다.

당사자는 특별보조판사에게 사건을 위탁하는 것에 대해 반대할 수 있으며 법원은 이 반대를 고려해 결정한다. 하지만 이 반대는 위탁 시점이나 그 직후에 해야 하며, 특별보조판사와의 심리 진행 과정에서 반대한다든가 하는 것은 허용되지 않는다(Coolley, 1984: 400-401). 그런데 보조판사의 명칭에 있어 플로리다 주 법원에서는 과거의 'master'에서 2004년도 소송규칙을 개정하여 'magistrate'로 변경하였다(Howard R. Marsee,

외국 ADR, 득이 되면 수입하자

2007: 12). 이는 여러 가지 행정적인 이유와 명칭을 좀 더 법원의 특성에 맞추어 그럴듯하게 하기 위한 것이었다.

위와 같은 특별보조판사는 법원의 업무부담 경감과 제3자인 전문가의 전문지식 활용 을 통해 사건에 대한 분석과 관리, 조정의 촉진 등을 수행하므로 혼합형 ADR의 일종으로 나열하기도 하나, 특별보조판사는 미국 법원의 역사에서 판사의 업무를 덜어주고 전문지식의 활용을 위해 전문가를 빌려 쓰는 것으로 ADR 운동과는 관계없이 발전되어 온 탓에 많은 ADR 문헌에서는 혼합형 ADR의 예시에서 빠져 있기도 하다.

2. 미국은 행정부에서도 ADR을 많이 활용한다

(1) 행정형 ADR의 개요

미국은 법률, 대통령령, 행정규칙 등 입법적 형식을 통하여 연방정부에서 ADR의 사용을 장려해 왔다(Jeffrey M. Senger, 2004: 11-17). 연방정부 차원에서 ADR은 19세기 후반에 시작되었는데, 1888년 법(the Act of 1888)이 최초의 연방 ADR 관련 법률로서 철도회사와 노조원과의 분쟁으로 인한 문제해결을 위해 자율적인 중재위원회를 설치하도록 하였다. 그로부터 10년 뒤인 1898년에 미국 의회는 이러한 분쟁에 조정을 제공한다는 내용을 담은 the Erdman Act를 통과시켰다. 이 법에 따라 조정에 실패하면 중재위원회에 회부하게 되었다.

연방정부는 다음으로 노동분쟁 이외의 분야에도 ADR을 적용하기 시
작하였다. 1925년에 통과된 연방중재법(the Federal Arbitration Act)은
상행위 분야에 ADR 절차를 두고 중재에 우호적인 국가정책을 선언하였
다. 1946년 행정절차법(the Administrative Procedure Act)은 행정기관
이 특정 사건에 대해서 연방법원의 재판 없이 해결할 수 있는 절차를 규정
하였다. 1964년에 공민권법(the Civil Rights Act)은 법무부에 주민관계실
(Community Relations Service)을 설치하도록 하여 인종·피부색·국적
등의 차이로 발생하는 지역사회의 분쟁해결에 도움을 주도록 하였다. 미
국 의회는 1978년에 공직개혁법(the Civil Service Reform Act)을 통하여
연방정부가 연방 공무원들과의 직장 내 분쟁에서 조정과 알선, 중재를 사
용할 수 있도록 하였으며, 2년 후인 1980년에는 분쟁해결법(the Dispute
Resolution Act)에서 비록 예산을 지원해 주지는 않았지만 주정부나 지방
정부에서 ADR을 실험적으로 이용해 보도록 장려하였다.

미국 연방정부에서의 ADR 제도는 1990년대부터 획기적인 발전을 보였
다. 우선 1990년에 연방의회는 연방기관이 ADR의 사용을 촉진하게 하
는 두 개의 법률을 통과시켰는데, 하나는 행정기관이 ADR 기법들을 광
범위하게 사용하도록 하는 권한을 부여하는 행정분쟁해결법(ADRA: the
Administrative Dispute Resolution Act)이고, 또 다른 하나는 행정
기관이 규칙을 정할 때 일방적으로 하는 대신에 협상을 통해서 하도록 하

는 협상에 의한 규칙제정법(the Negotiated Rulemaking Act)이다.

과거에도 미국의 연방정부는 비상 상황이나 노동 문제에 대해 ADR 서비스를 제공해 왔고, 정부와 계약자 사이의 분쟁을 해결하기 위해서도 ADR 절차를 이용해 왔다(E. Wendy Trachte-Huber & Stephen K. Huber, 2007: 530). 그런가 하면 연방정부는 사적인 ADR 기관으로부터 ADR 서비스의 구매자 역할도 해왔다. 이와 같이 미국 연방정부는 다양한 측면에서 ADR을 이용해 왔으나 ADR에 관한 명백한 법적 근거를 부여한 것은 1990년의 행정분쟁해결법 제정이었다. 이 법의 제정으로 미국 연방정부의 ADR 이용은 비약적인 발전을 하였다. 1990년대에 조정은 연방정부에서 가장 많이 이용하는 ADR 방식이었고, 비구속적 중재 또한 환경 분야나 공군 등 여러 곳에서 이용되었다. 하지만 1990년의 행정분쟁해결법은 비구속적 중재에 관한 규정이라든지 정보공개법(FOIA: the Freedom of Information Act) 면제 조항의 부재와 관련하여 비밀 보장의 미흡 등 몇 가지 점에서 한계가 있었다. 이와 같은 장애들을 제거해주고 보완하여 줌으로써 행정형 ADR에 보다 박차를 가한 것이 1990년의 행정분쟁해결법의 폐지에 이은 1996년의 행정분쟁해결법 제정이다.

다음으로 협상에 의한 규칙제정법은 연방정부가 법률이나 규칙을 제정할 때 일반인의 수용성을 높일 수 있도록 협상에 의한 방법을 이용하도록 하는 것이다. 이는 법안의 입안 단계부터 피규제 대상인 기업, 무역단체, 이해집단, 노조 등의 참여도를 높여 입법 후 수반되는 고비용의 소송을 예방하기 위한 목적으로 이용될 수 있다(신동원, 2012: 276). 이 정책에 따르는 정부기관은 환경보호청(Environmental Protection Agency)을 비롯하여 연방항공관리청(Federal Aviation Administration), 연방무역위원회(Federal Trade Commission), 직장안전 및 보건청(Occupational Safety and Health Administration), 내무부(Department of Interior), 핵규제위원회(Nuclear Regulatory Commission), 노동부(Department of Labor), 교통부(Department of Transportation), 농무부(Department of Agriculture) 등이다.

미국의 공공갈등을 포함한 행정형 ADR 관련 기구로는 성부기관 간 대체적 분쟁해결 실무그룹(The Interagency Alternative Dispute Resolution Working Group), 법무부의 법률정책실(Office of Legal Policy) 내에 있는 분쟁해결실(Office of Dispute Resolution), 갈등예방 및 해결센터(Conflict Prevention and Resolution Center), 미국환경분쟁해결원(U.S Institute for Environmental Conflict Resolution), 연방조정알선청(Federal Mediation and Conciliation Service) 등이 있다. 또 각 연방 행정부처와 공정거래위원회 등 독립기관들은 ADR을 전담하는 부서들을 두고 있고, 역시 주정부에도 ADR 전담부서를 두어 활용하고 있다.

미국에서 행정형 ADR을 전반적으로 관리·감독하는 부처는 법무부인데, 법무부가 연방정부를 당사자로 하는 분쟁에서 ADR을 이용한 결과인

외국 ADR, 득이 되면 수입하자

〈표 2〉를 보면, 행정형 ADR의 활용으로 합의에 이르는 비율이 높고 분쟁 비용도 절감되는 효과가 큼을 보여주고 있다.

〈표 2〉 미국 법무부의 행정형 ADR 활용 효과

구분	2012	2013	2014	2015	2016
자발적 ADR 합의 비율(%)	69	75	69	71	75
법원 명령에 의한 합의 비율(%)	49	49	49	58	52
소송/증거 개시 비용 절감액	$21,983,655	$24,809,407	$9,163,500	$14,208,626	$70,610,263
변호사/스탭 절감 시간(일)	9,047	14,346	7,653	20,866	26,388
소송 회피 절감 기간(개월)	1,516	2,692	967	2,108	2,733

※ (https://www.justice.gov) 참조하여 작성

미국에서 입법부·사법부·행정부 중 ADR을 가장 많이 이용하는 곳은 행정부의 정부기관이다. 2007년 4월에 미국의 법무부장관이 '연방정부의 집행기관 ADR 이용 현황에 관한 보고서'를 대통령에게 제출하였는데, 이에 의하면 행정부에서 사용하는 ADR 중 가장 많이 이용되는 방식은 조정(mediation)이었다(http://www.adr.gov/about-adr.html). 그 외에 자주 이용되는 방식으로는 중재(arbitration), 퍼실리테이션(facilitation), 화의중재제의(settlement conference), 파트너링(partnering), 갈등코칭(conflict coaching), 협상에 의한 규칙제정(negotiated rulemaking), 합의형성(consensus building), 공공참여(public participation), 옴부즈맨

(ombuds)이었고, 기타 분쟁해결 방식으로 분쟁패널(dispute panels), 조기
중립평가(ENE), 사실조사(fact-finding), 컨설테이션(consultation), 팀구
축(team building) 등이었다.

(2) 행정형 ADR의 기법

이하에서는 셍거(Jeffrey M. Senger, 2004: 33-46)가 미국 연방정부
에서 가장 흔히 이용되는 것으로 소개하는 절차들을 위주로 미국 행정형
ADR의 기법들을 살펴보고자 한다.

1) 조정

과거에는 행정부에서 조정 절차를 많이 이용하지 않았으나 최근으
로 올수록 미국 연방분쟁에서 가장 많이 사용되는 ADR 방식은 조정
(Mediation)이다. 셍거는 최근에 조정은 정부가 참여하는 ADR 중
에서 약 95%까지 차지할 수 있을 것이라고도 하였다. 전통적으로 조
정을 많이 이용하는 행정 부문은 해군, 공군 등이 군수품 조달과 관
련하여 많이 이용하고 보건복지 분야나 정부고용 관계, 우정서비스
분야이다.

조정은 대부분의 경우 조정인 한 명이 사건을 처리하지만 독립된
전문적인 분야가 필요할 경우에는 두 명의 조정인을 선임하기도 한
다. 조정의 방식은 대부분이 당사자와 조정인이 직접 만나서 시행하
지만 전화로 간단하게 처리되는 수도 있다. 조정은 시간과 비용을 절

외국 ADR, 득이 되면 수입하자

약할 수 있고, 합의된 조정안은 자발적이어서 재판보다도 결과에 대한 이행률이 높을 수 있다는 장점이 있는 반면, 조정이 합의에 이르지 못할 경우에는 소송 전략을 미리 노출시키는 결과가 될 수 있다.

2) 조기중립평가

조기중립평가(Early Neutral Evaluation)는 전술했듯이 1980년대에 캘리포니아 북부지역의 연방법원에서 실험적으로 시작되어서 이후 다른 법원에까지 널리 사용되게 된 것으로 연방정부에서도 이를 이용하고 있다. 조기중립평가는 당사자들이 재판에서 시간과 돈을 쓰기 전에 중립평가자로 하여금 재판결과를 예측하게 하고 사건을 조기에 해결하고자 하는 것이다. 이 절차는 특히 사건의 당사자가 사건에 대해 비현실적으로 낙관하거나 금전적인 기대를 하는 경우에 현실적이고 객관적인 사건 평가를 받아보게 하는 데에 유용하다. 그러나 당사자들은 조기중립인 평가에 구속되지 않고 어떻게 사건을 진행해 나갈 것인지 선택할 수 있다. 조정이 당사자 상호 간에 합의하는 안을 만드는 협력적인 절차임에 비해 조기중립평가는 자신들의 입장에서 상대를 공격하는 상황이 되므로 당사자들 간의 관계를 증진시키지는 못하는 단점이 있다.

3) 간이심리

간이심리(Minitrial)는 국방부, 법무부, 항공우주국 등에서 복잡한 정부계약 분쟁을 해결하기 위하여 효과적으로 이용되고 있다. 양

측의 대표자들은 사건을 합의할 수 있는 권한을 가진 고위직에 있는 사람이 되는데 이들이 배심원의 역할을 한다. 중립인은 전 과정의 절차적인 측면을 감독한다. 간이심리를 시작하기 전에 증거 개시(discovery)를 실시하여 사건을 정확하게 평가하기 위한 정보를 얻은 후, 간이심리가 시작되면 당사자들이 참석하여 진술하고 증거를 제출하거나 증인·전문가들을 참여시킬 수 있다. 당사자들은 그러한 절차를 위한 기간을 합의할 수가 있는데 보통은 하루에서 4일 정도가 걸린다. 간이심리 절차가 끝나면 당사자 대표들이 사건의 결과에 대하여 협상한다. 그 협상 과정에는 가능하면 당사자의 자율적인 합의 형성을 위하여 중립인은 관여하지 아니한다.

간이심리도 그리 간단한 절차는 아니고, 당사자 간의 협력보다는 논쟁에 중점을 두기 때문에 양측의 관계개선이 어렵다는 단점이 있다. 또한 조기중립평가보다 소송전략을 더 많이 노출하기도 한다. 합의할 권한이 있는 고위직 관리자가 간이심리 절차에 시간을 내서 계속 참석하는 것도 현실적으로 어려운 문제이다.

4) 약식배심원심리

약식배심원심리(Summary Jury Trial)는 실제 법원에서 판사와 배심원 앞에서 진행되는 간략한 심리 절차이다. 이는 전술한 바와 같이 연방지방법원 램브로스 판사가 고안해낸 절차로서 그 전에는 해결이 어려웠던 석면사건(asbestos cases)들을 다수 해결하는 데 이용되었다. 약식배심심리는 연방정부 차원에서는 거의 사용되지 않는 절차이지만, 유독성물질이 포함된 복잡한 환경문제 사건이나 당사자들이 사건의 예상 결과에 대하여 커다란 인식의 차이를 보여서 합의에 이르기 어려운 사건 같은 경우에는 유용할 수도 있다. 약식배심심리는 배심원이 해당 사건에 대해 어떻게 반응하는가를 아는 데에 있기 때문에 어떤 법정에서는 당사자들에게 배심원들이 토론하는 장면을 CCTV를 통해서 볼 수 있게도 한다.

이 절차의 단점은 사건이 재판에 회부될 준비가 거의 된 시점에서만 사용될 수 있다는 점이다. 절차상으로 비용이 많이 드는 증거 개시(discovery)를 모두 거친 후에 이용되는 것이다. 약식배심심리는 비록 실제 재판보다는 짧지만 여전히 하루에서 2주 정도의 시간이 소요되고, 관리하는데 비용이 많이 드는 절차이므로 법원은 실제 재판에서 훨씬 더 많은 비용이 들 것이 분명한 사건에만 적용한다.

5) 중재

연방정부에서는 중재(Arbitration)의 사용이 상대적으로 드물지만 그 사용은 늘어나는 추세이다. 최근까지도 정부가 행정 사건의 결과에 대한 통제권을 사인에게 양도하는 것은 허용되지 않는다고 생각했기 때문에 연방정부가 중재 절차에 참여하는 것은 금지되었었다. 그러다 연방의회는 1990년에 연방 행정청의 분쟁에 중재의 권한을 명백하게 부여하는 행정분쟁해결법(the Administrative Dispute

Resolution Act)을 통과시킴으로써 연방정부에서도 중재를 사용할 수 있게 하였다.

하지만 1990년의 행정분쟁해결법은 몇 가지 한계를 가지고 있는데, 정부가 판단하여 중재판정을 취소시킬 수 있는 비구속적 중재에 관한 규정과 행정형 ADR 이용 시 정보공개법(FOIA: the Freedom of Information Act)으로부터의 명확한 면제 조항의 부재가 그 대표적인 것이다(Jonathan D. Mester, 1997: 169-173).

가장 큰 문제는 비구속적 중재에 관한 조항인데, 이는 선출되지도 않고 공적으로 임명되지도 않은 사인인 중재인이 공적인 분쟁에 구속력 있는 중재판정을 하는 것은 헌법을 위반할 수 있다는 법무부의 우려가 있었기 때문이다. 따라서 동 법에서는 정부의 판단에 따라 중재인의 판정을 취소할 수 있게 하는 비구속적 중재로 하였다. 그 후 1995년에 미국 법무부는 행정형 분쟁에 대한 구속력 있는 중재판정이 당사자가 동의하는 한 허용될 수 있다는 식으로 헌법 위반의 문제에 대해 입장을 바꾸었다. 이러한 법무부의 입장 변화에 힘입어 연방의회는 1996년의 행정분쟁해결법에 구속력 있는 중재에 관한 조항을 포함하고, 정부가 판단하여 중재판정을 취소시킬 수 있는 조항을 삭제하였다.

다음으로 정보공개법 면제 조항의 부재와 관련하여 비밀 보장이 미

외국 ADR, 득이 되면 수입하자

흡하였기 때문에, 행정형 ADR 이용자가 상업적 거래 등의 원하지 않는 정보의 공개를 꺼림으로써 ADR 이용에 소극적일 수밖에 없었다. 이와 같은 장애들을 제거해주고 보완하여 다시 제정한 것이 1996년의 행정분쟁해결법이다.

행정분쟁해결법에 의하면 연방정부는 모든 당사자가 동의하는 경우에만 중재를 사용할 수 있으며 당사자들은 중재를 시작하기 전에 중재를 위한 합의문에 서명해야 한다. 그리고 정부는 계약을 체결하거나 어떤 이익을 주는 것을 조건으로 하여 중재를 사용할 것을 당사자에게 요구할 수 없다.

정부의 중재 이용과 관련해서 두 개의 조문이 특히 중요한데, 첫째는 중재합의서에 중재인이 결정할 수 있는 최대 금액이 명시되어 있어야 한다는 것이고, 둘째는 해당 사건에 해결 권한을 가진 정부 관계자가 미리 중재를 사용하는 것에 대해 승인을 해야만 한다는 것이다. 이러한 규정들은 나중에 정부가 중재의 결과에 대해 다툴 수 없기 때문에 사인인 중재인이 가지는 자유재량권을 미리 제한하는 안전장치 역할을 하도록 둔 규정들이다. 사건이 연방법원으로 간 경우에도 정부는 여건에 따라서 여전히 중재를 고려해 볼 수 있다. 중재판정에 대해서는 당사자나 중재인의 부패, 사기 등 제한적으로만 취소할 수 있고 일반적인 사실적, 법적 항소는 인정되지 않는다.

행정분쟁해결법에서 인정하는 연방정부의 중재에 관한 일반 권한 외에 특별법에서는 특정한 기관에 대해 중재 실행의 권한을 부여하는 경우도 있다. 예를 들면 국세청은 국세청 개혁법(the IRS Restructuring and Reform Act of 1998)에 의해 특정 조세분쟁을 해결하기 위하여 중재를 제공한다. 또한 환경보호청은 통합환경보상책임법(the Comprehensive Environmental Response, Compensation and Liability Act)에 의해 50만 달러 이하의 손해배상 사건을 중재한다.

연방정부가 사용하는 중재는 여러 종류가 있다.

첫째로 민간영역에서 흔히 쓰이는 당사자중재(party arbitration)가 있다. 이 절차에서는 각각의 당사자가 한 명씩 중재인을 선정하고 선정된 두 중재인이 함께 세 번째 중재인을 선택한다. 세 명의 중재인을 사용하는 것은 각각의 독립된 배경지식을 어우름으로써 복잡한 사건의 경우에 적합하다. 하지만 이런 경우 중재비용은 더 높아지게 되고, 세 명의 중재인들이 일정을 맞춰야 하므로 절차가 더 까다로워질 수 있다. 하지만 대부분의 연방분쟁의 경우에는 중재인 한 명으로도 충분하다고 한다.

다음으로 관리중재(administerd arbitration)도 있는데 이는 당사자들이 외부기관에 위임하면 그 기관이 전 과정을 관리하고, 적용한 규칙과 중재 일정을 마련하여 중재를 시행한다.

또 다른 중재의 유형으로는 야구중재(baseball arbitration)가 있다. 이는 메이저 리그에서의 야구선수들의 연봉 결정과 관련된 분쟁의 해결에 쓰인 방법에서 따온 이름이다. 이 야구중재에서 당사자는 각각 최선의 입장에 다다를 때까지 협상을 한다. 중재인은 독자적으로 결정을 내리고 각 당사자의 제안이 공개되면 중재인의 결정과 가장 가까운 당사자의 제안이 최종 해결안이 되며 금액 조정은 허용되지 않는다. 따라서 야구중재는 당사자들에게 합리적인 제안을 할 수 있게 유도하는 효과를 갖는다.

정부사건에서 중재를 사용함에 있어서도 여러 가지 단점이 있다. 중재 절차도 양 당사자가 대립적이라서 재판과 마찬가지로 당사자 간의 관계 증진을 기하기에는 어려움이 있다. 그리고 정부는 분쟁해결과 관련하여 항소가 허용될 경우 항소에서 승리할 가능성이 큰 특성이 있기 때문에 중재인의 결정에 항소할 수 있는 권리를 포기한다는 것은 정부 입장에서는 매우 어렵고 중요한 문제일 수 있다. 일반적으로 중재는 재판보다 훨씬 비밀유지가 되는 절차이지만, 이와 다르게 행정분쟁해결법에서는 당사자에 대해서 일반적인 비밀유지 의무를 규정하고 있지 않기 때문에 당사자들이 중재에서 발생한 일에 대해서 공개하는 것은 자유이다.

6) 혼합절차(Hybrid Processes)

행정 절차에서도 어떤 경우에는 당사자들은 조정과 중재를 혼합한 형태를 선호하기도 한다. 조정-중재(med-arb)는 ADR의 두 가지 유형을 모두 포함하는 혼합된 절차이다. 행정상의 조정-중재 제도는 제2차 세계대전 당시 미국의 산업 현장에서 근로자와 사용자가 동맹파업을 막으면서도 직장폐쇄를 하지 않고 노사분쟁을 평화적으로 해결하기 위한 수단으로 이용하기 시작한 데서 기원을 두고 있다고 한다. 그 후 이는 1978년 미국 위스콘신 주에서 지방공무원 조정-중재법((Med-Arb Law)으로부터 하나의 독립된 분쟁해결 수단으로 널리 활용되기 시작하였으며, 이어서 엔터테인먼트산업 분쟁, 가사분쟁, 국제상사분쟁에 이르기까지 그 이용이 폭넓게 발전되었다(정용균, 2014: 85-109).

조정-중재(med-arb) 절차에서 당사자들은 먼저 문제의 해결을 위해서 조정인과 함께 자발적으로 쟁점에 대해서 합의를 할 수 있는 데까지 하고, 이후에는 남은 쟁점에 대하여 중재인에게 마지막 결정을 내려 달라고 부탁한다. 따라서 조정-중재를 통하여 당사자들은 조정에서의 협력적인 이점뿐만 아니라 비교적 신속하게 분쟁해결을 할 수 있고 중재의 최종성(finality)까지도 얻게 된다. 하지만 단점도 존재한다. 이 경우 당사자들이 조정과 중재에서 동일한 중립인을 둔다면 조정과정에서 솔직하게 얘기하기 어려울 수 있다. 또 조정-중재인의 권한이 과도하게 되어 해결책이 강요될 소지가 있다. 반대로 각각 다른 중립인을 쓴다면 양쪽 모두에게 사건을 설명해야 하므로 비용과 시간이 그만큼 더 소비될 것이다.

한편 중재-조정(arb-med)도 있는데 이 절차에서 당사자들은 먼저 중재인 앞에서 자신들의 입장을 설명한다. 이에 대해 중재인은 중재결정을 내려 당사자들은 보지 못하도록 봉인해 둔다. 당사자들은 자신들끼리, 혹은 조정인과 함께 협상을 하여 협의안을 마련한다. 당사자들이 합의안을 만드는 것에 실패하는 경우에는 중재인의 결정을 공개하고 그것이 최종안이 된다. 중재-조정은 중재인의 결정을 모르는 상태에서 협상을 하게 함으로써 중재인의 결정보다는 자신들의 합의안을 만들고자 하는 동기를 부여하는 효과를 갖는다.

3. 미국 ADR 제도의 진면목은 민간형 ADR의 발전에 있다

1980년대 후반에서 1990년대에는 미국의 민간부문에서도 ADR이 활성화되었다. 명실공히 미국은 전 세계에서 ADR에 관한 논의와 실제적 활용은 물론 ADR에 관련 산업이 가장 활발하게 발전된 나라라고 할 수 있다. 앞에서 언급된 사법형 또는 행정형 ADR 관련법을 통한 입법적 지원은 미국의 민간형 ADR 발전에도 밑거름이 되었다.

꼭 민간형 조정에만 적용하도록 한정하는 것은 아니지만 2001년에 미국통일주법위원회(the National Conference of Commissioners on Uniform State Laws)는 미국에서 대체적 분쟁해결 방법 중 가장 많이 이용되는 조정에 직간접적으로 영향을 미치는 각 주의 법률이 2,500개가 넘는 상황을 주시하고, 조정법의 전국적인 통일성을 기하기 위해 통일조정법(Uniform Mediation Act)을 채택하였다. 이는 조정 절차에서의 당사자와 조정인의 비밀 유지(confidentiality) 및 당사자의 자율성 등을 강화하는 것을 골자로 하였으며, 이 통일조정법을 모델로 각 주에서는 조정법을 마련할 수 있게 되었다. 그 후 이 법은 2002년의 UNCITRAL 모델조정법의 내용들을 반영하여 2003년에 개정되었다. 2020년 2월 현재 워싱턴 D.C. 외에 일리노이, 아이오와, 뉴저지 등 11개 주에서 조정법을 제정하였고 1개 주에서 심의 중에 있다(http://www.uniformlawcommission.com).

미국은 ADR 종주국답게 많은 민간형 ADR 기관이 발달해 있다. ADR 자체가 분쟁해결을 위한 하나의 산업을 형성하여 비영리단체의 형태뿐만 아니라 영리기관으로도 충분히 자생 능력을 가지고 운영되는 것이다. 그중에서 대표적인 민간형 ADR 기관인 미국중재협회(American Arbitration Association), 분쟁해결협회(The Association for Conflict Resolution), 국제갈등예방해결연구소(CPR: The International Institute for Conflict Prevention and Resolution), 사법중재조정서비스(JAMS: Judicial Arbitration and Mediation Services), 전미중재포럼(National Arbitration Forum),

금융규제원(Financial Industry Regulatory Authority), 전미중재조정원(National Arbitration and Mediation)을 비롯하여 각종 온라인 ADR 제공기관을 살펴보고자 한다.

한편 미국 전역에 걸쳐 있는 지역사회의 주민분쟁조정기관인 주민분쟁해결센터(Community Mediation Center)에 대하여는 필자의 ADR 지침서 시리즈 중 〈이웃 분쟁, 이렇게 해결하자〉를 참조하면 될 것이다.

(1) 미국중재협회는 세계 최대의 ADR 서비스 제공기관이다

1) 미국중재협회의 조직

미국중재협회(AAA: American Arbitration Association)는 그동안 따로 존재하던 미국중재회(the Arbitration Society of America), 중재재단(the Arbitration Foundation) 및 중재회의(the Arbitration Conference), 이 세 개의 기관이 통합하여 1926년에 설립되었다(Ian R. Macneil, 1992: 38-41). 1922년에 그로스만(Moses H. Grossman)은 미국중재회를 조직하고 전국적으로 중재를 활성화시키기 위한 교육 캠페인을 전개하였고, 1925년에는 뉴욕 주 상업회의소가 미국중재재단을 설립하였다. 이 두 조직 중 전자는 법조인 단체로, 후자는 비법조인인 사업가 단체로서 서로 경쟁하였다. 후에 그들은 서로의 차이를 극복하기 위해 만났으며, 결국 1926년에는 두 조직을 통합하여 미국중재협회(the American

Arbitration Association)를 창립하는 데 합의하였던 것이다.

1981년까지만 해도 미국 내에 24개의 지역 사무소와 본부에 170여 명, 각 지역에 10명–15명의 직원으로 운영되던 미국중재협회는 2002년 말 기준으로 35개의 사무소와 800명이 넘는 직원을 보유하는 조직으로 성장하였다(신한동, 1981: 42–45). 1996년에 사건관리센터 (Case Management Centers)가 처음으로 만들어진 이후 2002년에는 네 번째 사건관리센터가 설립되었다. 첫 번째 센터는 1996년 댈러스에 설립되었고 두 번째는 1998년 애틀랜타, 세 번째는 2000년도에 캘리포니아의 프레스노, 네 번째는 로드아일랜드의 프로비덴스에 설립되었다. 역시 1996년에 설립된 미국중재협회의 국제분쟁해결센터 (ICDR: The International Center for Dispute Resolution)는 2002년 5월을 기하여 미국중재협회가 세계에서 가장 큰 국제상사중재기관이 되었다고 발표한 바 있다.

다양한 상거래에서 발생하는 분쟁들을 해결하기 위해 미국중재협회는 50개가 넘는 검증된 규칙과 절차들을 제공한다. 2004년 3월 기준으로 미국중재협회는 43개국과 61개의 협력 협정을 체결하였다 (http://www.adr.org). 미국중재협회는 초기에 480여 명의 중재인으로 운영되었으나, 1976년에는 37,000명으로 급속히 증가하였고 1986년에는 60,000여 명으로까지 불어났다. 하지만 협회 중립인들의 공신력을 높이고 조직을 효율적으로 운영하기 위하여 2002년에는

외국 ADR, 득이 되면 수입하자

11,000여 명으로 줄었으며, 2003년 이후에는 전 세계적으로 8,000 여 명 정도를 적정 수준으로 유지하였다(American Arbitration Association, 2003: 9). 그들은 산업계나 변호사 등 전문직업인 중에서 위촉되는데 미국중재협회의 중재인 및 조정인 명부에 등록되어 있다.

2007년에는 싱가포르 국제중재센터와 합작으로 싱가포르에 ICDR 의 아시아 센터를 설립하기도 하였다. 또한 조정의 점증하는 중요성에 부응하여 2007년에는 GE와 같이 조정을 이용하는 대기업들과 싱가포르 조정센터와의 합작으로 국제조정연구소(the International Mediation Institute)를 출범시키기도 하였다. 국제조정연구소에는 350여 명의 조정인이 등록되어 있다. 미국중재협회는 2010년에 고객정보관리부(the Customer Information Management Department)를 설치하였고, 같은 해에 아랍권역의 ADR 허브로서 바레인에 분쟁해결회의소를 설치하기도 하였다.

2) 미국중재협회는 어떤 일을 하는가?

미국중재협회는 다양한 분야의 분쟁을 해결하기 위해 폭넓은 서비스를 제공한다. 미국중재협회의 웹 사이트에 의하면, ADR에 대한 교육과 훈련은 물론 조정, 중재, 사법화해협의 서비스와 각종 선거까지 관리·시행하고 있다.

조정

세계 최대의 비영리 민간 ADR 기관이라 할 수 있는 미국중재협회
는 최근의 조정 수요가 높아가는 점에 부응하고 있다. 조정은 1974년
에 미국중재협회에서 기관분쟁 해결을 위한 옵션으로 도입되었다. 조
정은 중립적인 조정인이 당사자에게 조언을 해주고 비구속적인 역할
을 통하여 문제해결에 이르도록 도와준다. 미국중재협회는 조정 사건
이 꾸준히 증가하고 있는 것을 실감하고 있으며, 미국중재협회에 제
출된 조정 사건들의 85% 이상이 해결되는 것으로 보고하고 있다.

미국중재협회는 2013년에 'Mediation.org'라는 조정 웹사이트
를 개설하였다. 이는 조정에 관한 정보제공, 조정인들을 위한 활동
공간, 일정한 사건의 온라인 조정의 시행, 조정에 관한 교육훈련 정
보 등을 제공하는 웹사이트 역할을 한다. 미국중재협회는 조정 사건
이 꾸준히 증가하고 있는 것을 주시하고, 특히 2013년에는 75,000
달러를 초과하는 사건의 경우에 상사중재 중에 조정에 회부할 수 있
도록 하는 절차를 신설하여 조정으로 처리되는 사건이 2014년도에
는 전년도보다 51%나 증가하였다고 한다(American Arbitration
Association, 2015: 8).

미국중재협회의 상사중재규칙에 의하면 중재 절차의 어느 단계에
와 있든지 당사자들은 사건 해결을 촉진하기 위해 조정 협의에 착
수할 것을 합의할 수 있는데, 이 경우 모든 당사자와 조정인의 합의

기 없으면 조정인은 그 사건을 다루는 중재인으로 임명될 수 없다 (https://www.adr.org). 또한 조정을 먼저 시도하고 이 조정의 합의에 실패하는 경우에 당사자는 중재를 선택할 수도 있다. 이때 조정 절차에서 제시된 정보는 이후의 중재나 소송 단계에서 원용될 수 없다.

중재

당사자들은 미국중재협회가 마련한 분쟁해결 조항을 이용하여 자신들의 여건에 맞게 중재 조항을 변경할 수 있다. 일단 당사자들이 중재를 하기로 결정하면 중재인은 심문을 시행하는데, 당사자들의 다른 합의가 없거나 법률에 다른 규정이 없으면 중재 판정은 심문이 끝난 후 30일 이내에 하여야 한다. 보통 한 사건의 중재 기간은 처음부터 끝까지 통상 6개월 이하인 것으로 보고된다(American Arbitration Association, 2001b: 25).

사법화해협의(Judicial Settlement Conference)

미국중재협회는 전통적으로 법원에서 사용하던 사법화해협의 서비스를 2010년에 시작하였다. 이는 기업, 개인, 정부기관들로 하여금 자신의 시간 스케줄을 고려하게 하고, 전직판사 출신 중립인을 선택하여 재판이나 중재에서 비용이 발생하기 전에 합의를 시도함으로써 빠르고 경제적인 분쟁해결을 할 수 있게 하는 기법이다. 중립인이 되는 전직 판사는 판사로서 10년 이상의 경험과 명망이 있어야 하며, 중재나 조정 등의 ADR 경험과 교육을 수료하여야 하는 등 엄격한 기준을 두고 있다. 주로 규모가 크고 복잡한 상사 분쟁에 대해 적용하고 있다.

ADR에 대한 교육과 훈련

미국중재협회의 또 다른 주요 임무는 바로 ADR에 대한 교육과 훈련 서비스이다. 미국중재협회는 그들의 직원, 중립인들 그리고 고객들을 교육하고 훈련시킨다. 이는 주로 커뮤니케이션 기법, 사려 깊은 청취, 협상 그리고 효과적인 갈등관리 등에 중점을 둔 훈련이다. 미국중재협회는 또 고객의 특성에 맞춘 최적화된 교육을 제공하기 위해 신경을 많이 쓴다. 예를 들면 법률 스탭, 인사 관리자, ADR 관련 직원 등을 위한 사내 갈등관리 훈련을 비롯하여 조정과 중재를 전문으로 하는 변호사를 위한 훈련과 법관들을 위한 훈련 등을 제공한다.

선거 서비스

미국중재협회는 1943년부터 특수한 서비스 프로그램의 일환으로 공정한 선거관리를 운영해 왔다. 미국중재협회는 노동조합 간부 선거, 계약 인준, 각종 대표자 선거, 정관 개정, 합병, 위임선거 등 매년 250건이 넘는 선거를 관리한다. 이러한 선거관리를 함에 있어 미국중재협회는 전반적인 선거과정에 대한 계획적이고 전략적인 관리와 지속적인 감독을 강화함으로써 선거관리의 질, 공평성 그리고 정직성을 유지 시키는데 주의를 기울인다. 그들은 신뢰감과 기밀을 지키는 선거관리 시스템을 발전시켜 왔기 때문에 반세기가 넘는 기간 동안 다앙한 선기를 관리할 수 있었다. 2000년에는 온라인상에서 할 수 있는 "click-and-vote" 선거 방식을 채택하였고, 우편물 투표, 이메일 투표, 전화 투표, 터치스크린 투표 등 다양하고 복합적인 선거 방식을 제공하고 있다. 이제는 국내 선거를 관리해주는 것에서 더 나아가 국제 선거를 관리해주는 서비스까지 고려하기도 한다.

분쟁 예방 및 해결 서비스

그 외 미국중재협회는 분쟁의 예방과 회피를 도와주는 다양한 프로그램들을 운용하고 있다. 분쟁이 발생하기 전에 분쟁을 예방하거나 불가피하게 발생한다 하더라도 그 초기에 해결하는 것을 도와줌으로써 분쟁으로 인한 충격을 최소화하고자 한다. 그러한 것들로는 사실 확인(fact-finding), 분쟁검토회의(DRB: the dispute review board), 조기중립평가(early neutral evaluation), 파트너링(partnering), 프로젝트 중립인(project neutrals), 초기 의사결정자(IDM: Initial Decision Maker) 등이 있다.

미국중재협회가 취급하는 분쟁해결은 거의 모든 분야를 포괄한다. 예를 들면 기업, 건설, 소비자, 고용, 연방정부, 건강관리, 보험, 노무, 집단분쟁, 국제 사건 등 다양한 사건을 취급한다.

미국중재협회는 그 기능을 확장시키고 변화무쌍한 분쟁해결 환경에 적극적으로 대응하기 위하여 2000년에는 건설 현장에서 사업주와 계약자 사이에 건설 현장에서 실시간으로 자문과 권고를 할 수 있도록 공공건설 분야에서 이용해 왔던 분쟁검토회의(DRB: the dispute review board) 같은 절차를 도입하기도 하였다. DRB는 초기에는 주로 공공건설 프로젝트에 쓰이게 되었으며 99%의 성공률을 보였다. 이에 미국중재협회는 이 절차를 공공건설뿐만 아니라 민간건설에까지 더욱 폭넓게 알리고 사용을 권장하기 위하여 안내모형(Guide Specification), 삼자협정(the Three-Party Agreement) 및 DRB 명부를 개발하였다. 여기서 중요한 점은 미국중재협회가 단순히 서비스를 확대시켰다는 것뿐만이 아니라, 분쟁검토회의와 같은 예방적 분쟁예방 절차를 개발하고 도입하여 사건이 돌이킬 수 없게 되기 전에 초기 단계부터 분쟁의 확산을 방지하고 해결할 수 있도록 새로운 노력을 기울이고 있다는 점이다. DRB는 주로 대형 건설 사업에 이용되었는데, 매사추세츠 대형터널공사, 로스앤젤레스 지하철, 존 에프 케네디 공항의 터미널 신축공사 등이 그 예이다(E. Wendy Trachte-Huber & Stephen K. Huber, 2007: 530).

또한 미국중재협회는 2002년에 '독립적 사실확인 서비스'(IFFS: the Independent Fact-Finding Services)로 알려진 새로운 서비스를 개발하였다. 이것은 조직의 공신력에 나쁜 영향을 미치거나 회사의 명성을 훼손시킨다든지, 또는 주주의 가치를 떨어뜨릴 가능성이 있거나 그렇게 진행되고 있는 문제를 조사하여 그에 대처하도록 개발된 것이다. 이처럼 위기가 현실화되기 전에 잠재적 갈등을 미리

해결히려는 미국중재협회의 새로운 노력은 주목할 만한 부분이다.

3) 미국중재협회의 역대 성과를 알아보자.

미국중재협회는 미국 최대의 분쟁해결 서비스 기관이며, 세계적으로도 ADR 분야의 리더 역할을 한다. ADR 서비스를 제공하기 시작한 첫 번째 해에는 270건의 사건에 불과하던 것이 1992년 8월에 들어서는 백만 건에 도달하였고, 2002년에는 2백만 건이 넘게 접수되었다(American Arbitration Association, 2003: 122). 미국중재협회의 성과와 활동을 살펴보면 미국에서 중재가 어떻게 발전하고 진화됐는지를 알 수가 있다고 해도 과언이 아닐 것이다. 미국중재협회의 전신이었던 미국중재회(the Arbitration Society of America)와 미국중재재단(the Arbitration Foundation)은 1925년의 연방중재법이 통과되기 이전부터 활발하게 활동하여 왔다. 따라서 미국중재협회의 역사는 그 자체만으로도 미국 중재가 어떻게 그리고 어느 정도로 발전되어 왔는지를 설명해준다.

미국중재협회의 사건 접수 증가 추세는 대체적 분쟁해결 제도가 미국에서 유망한 분야임을 잘 나타내고 있다. 아래에 있는 〈표 3〉을 보면, 설립 이후 미국중재협회의 처리 사건 수는 지속적으로 그리고 빠르게 증가해 왔다. 접수되는 사건 수가 1956년에는 3천 건에 못 미치는 2,817건이었지만, 1960년대에 들어서는 1만 건이 넘었고 1970년대에는 3만 건, 1980년대에는 4만 건, 1990년대에는 7만 건, 2000년대에 들어서는 20만 건을 넘게 되었다. 미국중재협회가 다룬 사건 수는 10년마다 급증하였고 2002년도에 최고조에 도달할 때까지 최근으로 올수록 그 숫자는 더 크게 증가하였다. 특히 1990년에서 2001년 사이에 미국중재협회는 누적으로 117만 건을 처리하였는데, 이 수치는 미국중재협회의 설립 이래 과거 65년 동안에 다뤘던 사건의 누적 숫자보다도 더 많다.

〈표 3〉미국중재협회 사건접수 건수의 추세

연도	1956	1966	1976	1986	1996	2002	2005
접수 건수	2,817	12,957	35,156	46,683	72,200	230,255	142,338

※ American Arbitration Association, Chronology of Important Events in the History of the AAA and ADR and About Us(http://www.adr.org)

미국중재협회는 2000년대에 이를 때까지 최근으로 올수록 그들의 활동 영역을 확장시키고 더 많은 대중들의 관심을 끌어내면서 성과를 이루어 왔다는 것을 〈표 4〉를 보면 알 수 있다. 미국중재협회가 처리한 사건 수를 보면, 1990년대에는 10만 건 미만의 범주에서 완만한 증가세를 보였으나 1999년부터는 빠르게 10만 건을 넘김으로써 새로운 기록을 이어 갔음을 알 수 있다. 게다가 2001년도에는 20만 건의 장벽을 깨뜨리기도 했다.

외국 ADR, 득이 되면 수입하자

이러한 증가 추세에서도 1998년, 1999년 그리고 2000년도가 증가율 면에서 가장 높아 이 시기를 전후해서 미국의 ADR이 급격히 발전했던 시기임을 짐작게 한다. 이 시기의 도약은 미국중재협회가 고용, 의료, 기술 그리고 국제 사건 등으로 새로운 분야를 확장한 이유도 있긴 하지만, 뉴욕 무과실 보험 분쟁해결을 촉진하기 위해 1999년에 설립된 뉴욕 무과실 알선센터(the New York No-Fault Conciliation Center)에 힘입어 처리한 보험관련 사건 수가 증가한 것이 주된 이유라고 할 수 있다(American Arbitration Association, 2001a: 19). 미국중재협회의 사건접수 중 가장 큰 분야가 보험 관련 사건이다. 2000년 한 해만 해도 접수된 전체 198,491건 중 뉴욕 무과실 알선 사건이 87,885건이었고, 뉴저지, 미네소타 그리고 뉴욕 주에서 접수된 자동차 무과실 중재 사건이 68,200건이었다.

충격적인 미국의 9·11 사건과 그로 인한 기업들의 쇠퇴에도 불구하고 2001년도에는 사건 수가 9.8% 증가하였고, 2002년도에도 5.6%가 늘어났다. 그 후 미국중재협회가 다루는 사건에 효자 노릇을 하던 보험사건 수가 보험사와 개인 간의 보증 등의 문제에 관한 법원 판결의 영향으로 인해 2003년 이후에는 사건 수가 줄었지만 여전히 전체적으로 14만 건 이상의 사건이 처리되고 있음을 알 수 있다. 2009년에는 11만 3천 건 이상이 제출되었다.

〈표 4〉 미국중재협회 취급 사건 수의 추세

연도	1997	1998	1999	2000	2001	2002	2003	2004	2005
사건 수	78,769	95,143	140,188	198,491	218,032	230,255	174,865	159,629	142,338
증가율(%)	9.1	20.8	47.3	41.6	9.8	5.6	−2.4	−8.7	−10.8

※ American Arbitration Association, Dispute Resolution Times, 1997–2006.
※ American Arbitration Association, President's Letter and Financial Statements, 2003.

〈그림 1〉 최근 미국중재협회의 취급 사건 수의 추세

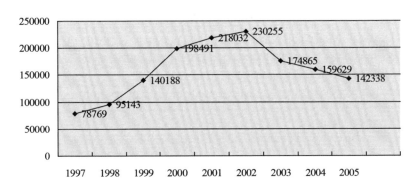

미국의 초기 중재는 주로 국내 분쟁해결만 다루었다. 그러나 미국은 세계 경제와 국제 무역의 실질적인 대국이기 때문에 세계 각국 무역 파트너와의 다양한 분쟁을 경험하였고, 국제적으로 허용될 수 있는 효과적인 분쟁해결 방안을 찾을 필요가 있게 되었다. 이러한 문제를 해결하기 위하여 미국중재협회는 1996년에 국제분쟁해결센터(ICDR)를 설립하였고, 2001년에는 유럽 시장에의 교두보를 확보하기 위하여 아일랜드의 더블린

외국 ADR, 득이 되면 수입하자

(Dublin)에 국세분생해결센터를 추가로 실치하였다. 그 후 멕시고 시디에 사무소를 추가하였고, 2007년에는 싱가포르 국제중재센터와 합작으로 싱가포르에 ICDR의 아시아 센터를 설립하였으며, 2010년에는 바레인에 아랍권역의 ADR 허브를 설치하였다. 이리하여 전 세계에 걸쳐 46개국의 중재기관들과 협력적인 네트워크를 형성해 운영하고 있다.

아래에 있는〈표 5〉에서 보듯이 1996년에 미국중재협회의 국제 사건이 200건을 초과한 이래 2001년까지는 계속하여 두 자릿수의 증가율을 보여 왔다. 2001년 이후 600건 근처에서 오르내리던 국제사건은 2008년에 700건을 깨고 올라섰으며, 2010년을 제외하고 2011년까지 3년간 10% 이상의 증가율을 기록한 것은 눈여겨볼 대목이다. 2012년에는 92개국을 포괄하는 당사자가 포함된 국제 사건 수가 996건이었고, 2013년에는 전년도보다 17%가 증가한 1,165건을 달성하였다(American Arbitration Association, 2014: 18).

국제사건 중에서 조정은 아래의 표에서 괄호 안에 표기되고 있다. 이에 의하면 국제조정 사건은 100건 이하로 유지됨으로써 중재사건에 비해 상대적으로 적음을 알 수 있다. 평균적으로 국제조정은 당사자의 8%-12%가 선택하는데, 조정 성공률은 90%에 달한다고 한다. 조정에 대해 비판하는 입장은 조정으로 인해 궁극적으로는 중재 절차가 늦어지는 것 아니냐 하는 우려에서 나온다. 그러나 그러한 지연은 소소한 정도이며 오히려 조정 절차에서 완전한 합의에 이르지 못할지라도 부분적인 합의를 보는 경우가 많으며, 특히 상대방의 생각과 입장을 이해하는 데 큰 도움이 있는 것으로 여겨진다.

〈표 5〉 미국중재협회의 국제사건 취급 추이

연도	1996	1997	1998	1999	2000	2001	2002	2003
사건 수	226	320	387	453	510	649	672	646
증가율(%)	25.6	41.6	20.9	17.1	12.6	27.3	3.5	3.9

연도	2004	2005	2006	2007	2008	2009	2010	2011
사건 수	614	580(68)	586(74)	621(74)	703(94)	836	888	994(93)
증가율(%)	−5	−5.5	1.0	6.0	13.2	18.9	6.2	11.9

※ American Arbitration Association, Dispute Resolution Times, (1997–2004)
※ The ICDR International Arbitration Reporter 2011
※ President's Letter & Financial Statement (2010–2011)
※ Luis M. Martinez & Thomas Ventrone, "The International Center for Dispute ResolutionMediation Practice"(https://www.adr.org)

다음으로 미국중재협회의 최근 국제사건 취급 건수를 외국의 다른 중재기관과 비교해보면, 〈그림 2〉와 같이 미국중재협회는 국제상업회의소(ICC: the International Chamber of Commerce)나 런던국제중재법원(LCIA: the London Court of International Arbitration) 같은 전통적인 국제상사중재기관보다 앞서 나간다는 것을 알 수가 있다.

여기에서 참고로 1919년에 설립된 국제상업회의소는 1923년에 중재기관으로서 국제중재법원(the International Court of Arbitration)을 설립하였다. 이 국제중재법원은 가장 효과적인 방법으로 국제상사

외국 ADR, 득이 되면 수입하자

분생을 해결하는 기관으로 인식되어 왔고 전 세계적으로 중재 사건을 처리하는 데 선도적 역할을 해 왔다(http://www.iccwbo.org). 또 1892년 설립된 런던국제중재법원은 상사분쟁을 해결하는 주요 국제중재기관 중에서 가장 역사가 오래되었다. 런던국제중재법원은 회사, 중재 법원, 사무처 등 세 구성을 이루고 있다(http://www.lcia.org).

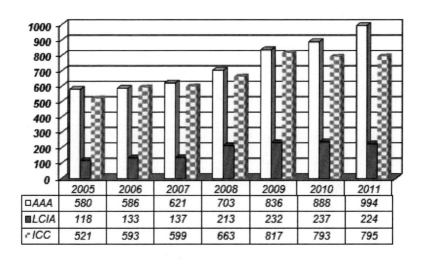

〈그림 2〉 외국중재기관의 국제 사건 취급 수 비교

	2005	2006	2007	2008	2009	2010	2011
□AAA	580	586	621	703	836	888	994
■LCIA	118	133	137	213	232	237	224
≠ICC	521	593	599	663	817	793	795

※ Hongkong International Arbitration Center, Statistics(http://www.hkiac.org 참조)
※ AAA: American Arbitration Association
※ LCIA: London Court of International Arbitration(2010년은 11월까지 숫자임)
※ ICC: International Chamber of Commerce

(2) 분쟁해결협회

분쟁해결협회(ACR: The Association for Conflict Resolution)는 미국 최대의 조정인, 중재인 등 분쟁해결 전문가 단체로서 2001년도에 전미분쟁해결연구소(NIDR: the National Institute for Dispute Resolution)의 후신인 갈등해결교육네트워크(CREnet: the Conflict Resolution Education Network)와 가족조정인아카데미(AFM: the Academy of Family Mediators), 분쟁해결전문가협회(SPIDR: the Society of Professionals in Dispute Resolution, Inc.) 등 세 개의 기관이 통합된 단체이다(https://www.acrnet.org).

이 중 1972년 노동분쟁의 조정·중재운동을 계기로 설립된 분쟁해결전문가협회는 미국중재협회나 국제갈등예방해결연구소(CPR)보다는 학술적인 색채가 강한 조직으로서 ADR절차 또는 연수 프로그램을 연구하고 중립인의 행위기준이나 윤리규정을 마련하여 제안하는 등의 역할을 하다가 분쟁해결협회로 통합되었다. 분쟁해결협회는 ADR의 확산과 발전을 위하여 각종 컨퍼런스 개최, 분쟁해결 전문가에 대한 교육 훈련, 분야별 분과 활동, 조정인의 윤리 기준 설정 및 조정인 인증프로그램의 모델기준 제시 등을 하고 있다. 2013년 기준으로 2,600명이 넘는 회원 수를 보유하고 있다.

(3) CPR

국제갈등예방해결연구소(CPR: The International Institute for Conflict Prevention and Resolution)는 1979년 창립되어 주로 상사

분쟁의 해결을 위해 기업에 ADR 서비스를 제공하는 단체로 발전해 왔다 (http://www.cpradr.org). CPR은 그 명칭을 과거의 CPR Institute for Dispute Resolution에서 2005년에는 The International Institute for Conflict Prevention and Resolution으로 바꾸었다. ADR에 관한 교육훈련과 연구 기능을 해 왔으며 조정이나 중재 등을 통한 분쟁해결 서비스를 수행한다. CPR은 기업이 ADR 이용을 쉽게 하게 하는 분위기를 조성에 역점을 두었는데, 기업의 필요에 맞는 소비자 고충처리 절차를 제안하여 화해율의 향상을 실현하였다. 또한 계약문서에 그대로 삽입할 수 있는 분쟁해결 조항 및 모델을 제시함으로써 당사자 사이에 약간의 보충을 하면 완성되거나 보다 적합한 절차를 선택할 수 있게 하는 등 기업이 선호할 수 있는 방식을 제시하였다. 그리하여 1980년대 이래 4,000개가 넘는 기업과 1,500여 개의 로펌으로부터 소송 전에 ADR 절차를 이용하겠다는 비구속적이지만 선언적인 효과를 갖는 서약(ADR Pledge)을 받았다(황승태·계인국, 2016: 149).

(4) JAMS

사법중재조정서비스(JAMS: Judicial Arbitration and Mediation Services)는 1979년에 캘리포니아의 퇴임법관이었던 워렌 나이트(Warren Knight)에 의해 창립되었으며 현재는 캘리포니아의 어바인에 본부를 두고 있다(http://www.jamsadr.com). 1994년에 Endispute과의 합병으로 급격히 성장하게 되었다. 2013년 기준으로 약 300명의 퇴임법관이나 저명 변호사들로 구성된 전임직 중립인들을 보유하고 있으며,

195명의 스탭이 근무하고 있다.

JAMS는 자신의 홈페이지에 스스로가 세계에서 가장 큰 ADR 기관이라고 소개하고 있다. ADR 서비스로는 조정, 중재를 비롯하여 중립적 사건 평가, 간이심리, 약식배심재판, 중립적 사실 확인 등 다양한 서비스를 제공하고 있다. 사건은 당사자로부터 접수하거나 법원으로부터 회부받기도 한다. JAMS는 연간 평균적으로 1,200건 정도의 사건을 취급하고 있다고 한다. 취급 사건은 반독점, 건설, 고용, 엔터테인먼트와 스포츠, 환경 등 기업과 상사에 관한 거의 모든 유형의 사건을 처리한다. JAMS는 ADR 서비스 제공 외에도 ADR의 확산을 위해 세미나, 훈련 등의 교육 서비스도 제공한다.

JAMS는 특히 자사의 중립인들이 다수 당사자가 연관된 사건이나 복잡한 사건을 해결하는데 유용한 우수한 패널들이라는 것을 강조한다. 중립인의 질적 수준을 유지하기 위하여 중립인을 평가하는 시스템을 운용하고 있는데, 평가 양식을 통하여 사건에 대한 사전 준비의 정도, 사건의 이해도, 조정인으로서의 필요 지식, 사건 처리에 대한 당사자의 만족도나 분쟁해결 과정 등을 평가한다(함영주, 2011: 19-20). 중립인의 보수는 스스로 정하는데 사건의 난이도나 의뢰인에 따라서 결정되며, 조정인의 경우 약 1,000달러에서 50만 달러까지도 받는 경우도 있어 보수는 상당히 높은 편이다.

2011년에는 국제성을 강화하기 위하여 이태리의 ADR센터와 공동으로 영국 런던에 본부를 두는 JAMS International을 설립하였다. 미국 전역에 걸쳐 20개가 넘는 분쟁해결센터를 두고 있으며, 캐나다의 토론토에도 센터가 있다.

(5) National Arbitration Forum

전미중재포럼(National Arbitration Forum)은 1,600명 이상의 조정인, 중재인으로 된 중립인단체이며, 중립인은 퇴직판사·변호사 등 법조인으로만 구성되는 것이 특징이다(http://www.adrforum.com). 전미중재포럼은 중재결정 시 중재인의 주관보다는 실체법과 규칙에 근거한 결정으로 예측가능성 제고에 주의를 기울인다. 1999년부터는 도메인 네임 분쟁해결을 시작하였는데 2013년 기준으로 누적 2만 건 이상의 도메인 네임 관련 분쟁을 처리하였다.

(6) FINRA

금융규제원(FINRA: Financial Industry Regulatory Authority)은 2007년에 NASD(National Association Of Securities Dealers)와 NYSE(The New York Stock Exchange)의 규제, 중재 등의 기능을 합병한 기관으로 3,400명의 직원이 있다(http://www.finra.org). 주로 증권 분쟁의 조정이나 중재 사건을 처리하며 옴부즈만제도를 운용하기도 한다.

(7) NAM

전미중재조정원(NAM: National Arbitration and Mediation)

은 1992년에 설립되어 2,000여 명의 중립인을 두고 있다(http://www.namadr.com). 중재와 조정을 비롯하여 ADR 관련 데이터 관리(Online and Offline Case Management), 소송준비서비스(Trial Preparation Services), 소송 및 화해 전략(Mock Jury Trials) 등 다양한 서비스를 제공하고 있다.

(8) 온라인 ADR 제공기관들

온라인 ADR 제공기관으로는 Cybersettle이 1996년에 설립되어 보험·의료·정부업무 등의 분야에서 온라인 분쟁해결 서비스를 제공하고 있고(http://www.cybersettle.com), BBB(Better Business Bureau)는 1912년에 설립되어 미국과 캐나다에 걸쳐 약 3백만여 기업과 자선단체에 대한 평가관리를 하며, 분쟁해결로는 조정, 중재 외에 온라인 불만처리 시스템을 운영하고 있다(http://www.bbb.org). Square Trade는 1999년에 설립된 제품 보증 서비스를 제공하는 온라인 회사로 소비자에게 제품을 판매하는 판매자를 인증하며, 소비자와 판매자 사이에 분쟁이 발생하였을 때 Square Trade의 온라인 분쟁해결 시스템을 이용하도록 한다(http://www.squaretrade.com). 온라인 거래를 하는 eBay를 통하여 주로 알려져 있다. Square Trade의 인증을 통하여 판매업자는 소비자의 신뢰를 얻을 수 있고, 소비자는 Square Trade의 인증 마크를 보고 안심하고 거래할 수 있게 한다. 그 외 clickNsettle.com, Cyberarbitration, Online Mediators 등 다양한 온라인 분쟁해결 서비스 제공기관이 있으나, 소수의 온라인 ADR 서비스 제공기관을 제외하

외국 ADR, 득이 되면 수입하자

면 고객의 이용 빈도 면에서나 수익성 측면에서 얼마나 견고하게 운영되고
있는지는 보다 검증이 필요하다고 할 수 있다.

4. 미국의 중재제도는 어떻게 발전하였는가?

미국에는 중재 서비스를 제공하는 ADR 기관이 다양하게 발달되어 있
을 뿐만 아니라 분쟁해결 수단으로서의 중재의 이용도가 세계에서 가장
활발하게 이루어지고 있다고 해도 과언이 아니다. 미국은 소송천국이라고
할 정도로 소송이 만연하는 국가임에도 불구하고 왜 중재가 세계에서 가
장 활성화된 나라 중의 하나가 되었을까? 반면에 한국은 전통적으로 소송
접근이 쉽지 않아서 분쟁해결의 소송 대체 수단인 중재가 많이 이용될 수
있을 텐데도 왜 중재기관도 별로 없고 중재 사건 의뢰 건수가 적은가?

미국의 식민지 개척자들이 상인들과 해운업계에서 존재했던 영국의 중
재제도를 가지고 온 이래 미국의 중재제도는 그들의 일상생활에서 활용되
었다. 뉴욕과 필라델피아처럼 서로 다른 식민지 지역에 있는 사업자들조
차 서로의 분쟁을 해결하기 위해 중재를 이용하였다(Bruce L. Benson,
1995: 481-482).

식민지 개척자들이 가져온 커먼로(common law) 중재제도 하에서 상

인들은 자신들의 분쟁 해결을 위해 소송에 연루되는 것을 극히 꺼렸다 (Earl S. Wolaver,1934: 144). 상인들이 생각하기에 커먼로는 일반적 (general)이라기보다는 국지적(local)이며, 그 절차가 느리고(slow) 공식성(formal)을 띠는 것이었다. 그들은 소송의 고비용과 지연이라는 문제 이외에도 지속적인 거래관계 유지를 중시했기 때문에 상인법(the law of merchants)을 선호하였다.

미국의 중재는 풍부한 이론과 판정 사례를 축적하였을 뿐만 아니라 지속적으로 다양한 영역으로 중재 이용의 범위를 확대시켜 왔다. 특히 20세기 초에 있었던 노동운동은 노조와 경영진에게 그들의 갈등을 신속하고, 저렴하며 공정하게 해결할 필요를 느끼게 하였다. 게다가 1960년대 말 미국에서의 민권운동과 베트남전 반대 시위와 같은 사회적 대립과 갈등은 중재를 포함한 대체적 분쟁해결을 극적으로 성장시킬 수 있는 계기를 제공하였다.

미국의 중재제도는 법원이 보였던 미국 초기의 중재에 대한 적대감과 반감으로부터 인정의 단계를 거쳐 최근의 활발한 도입에 이르기까지 중재에 대한 법원의 태도 변화와 함께 발전해 왔다. 또한 미국은 각 주의 연합국가로서의 미합중국의 성격을 반영하여 연방중재법의 지도하에 주별로 중재법이 시행되는 다중적인 중재법 제도를 발전시켜 왔다.

미국의 중재가 발전하는 데는 중재에 관한 판정 사례와 이론들을 발전시

외국 ADR, 득이 되면 수입하자

켜 가면서도 의회에 의한 입법직 지원이 중재제도의 발전에 기폭제기 되었다. 각 주의 중재법들은 국민들의 중재의 이용을 자극시켰다. 미국 연방의회는 1925년의 연방중재법의 제정 이후 1998년의 대체적 분쟁해결법 통과에 이르기까지 중재제도의 정착에 기여하였다. 또 중재제도를 발전시키는 과정에 있어서 통일주법위원회(NCCUSL) 같은 단체가 중재를 입법화하고 제도화하는데 있어 중요한 역할을 하였다. 이하에서는 미국 중재제도의 역사적 발전과정을 살펴보고 단계별 특성들에 대하여 검토하고자 한다.

(1) 미국 중재의 역사적 발전 과정이 흥미롭다.

미국에서는 중재가 영국인들의 이주 초기부터 중대한 역할을 하였다. 미국의 식민지 개척자들은 그들이 신세계에 상륙했을 때, 상인들과 해운업계에 존재했던 17세기의 영국 중재제도를 가지고 왔다(Steven C. Bennett, 2002: 9). 미국의 초기 역사에서 중재는 식민지 개척자들에 의해 상당히 광범위하게 사용되었다고 한다. 하지만 식민지 시대의 미국에서 중재를 허용하는 초기의 법들은 그 적용이 제한적이었다. 커먼로의 배경과 중재에 관한 성문법의 발전과정은 미국의 중재가 어떻게 발전해 왔는가를 보여준다. 미국 중재의 역사는 1920년의 뉴욕중재법을 기준으로 하여 전근대적 중재법 시대와 근대적 중재법 시대로 나눌 수 있다. 이는 당시의 뉴욕중재법이 그 이전의 법들과는 차별되는 근대적 특성들을 가지고 있기 때문이다. 일찍이 맥닐(Ian R. Macneil, 1992: 15)은 그의 저서에서 미국중재법에 관해 '근대'와 '전 근대'로 구분하였다. 전자는 '미래의' 분쟁에 대한 중재합의를 취소 불가능하게 하고 온전하게 집행 가능하게 하는 반면, 후자는 그렇지 아니한 것을 의미한다. 근대적인 미국 중재법 시대의 효시로서 1920년의 뉴욕중재법은 그 양자를 나누는 하나의 분수령이 된다. 따라서 이하에서는 미국 중재의 역사를 전근대적인 미국 중재법 시대와 근대적인 미국 중재법 시대로 나누어 살펴보고자 한다.

1) 전 근대적 중재법 시대의 중재의 특성은 어떠한가?

영국적 배경

미국의 중재법 역사를 이해에는 영국의 상사중재 발전 과정을 먼저 살펴보는 것이 도움이 된다. 영국 상사중재의 기원은 중세의 형평법원(fair courts)과 상인길드(merchant guilds)에서 출발한 것으로 알려지고 있다. 특히 12, 13세기의 상인길드는 그들의 회원을 규율하고 분쟁을 해결하기 위하여 잘 정비된 규정과 절차로 사건을 판정하던 그들 자신의 법정(tribunals)을 발전시켰다. 당시에는 상인들의 일반적 관습에 따른 '형평법(fair law)'이 있었다. 형평법원은 'consuls' 와 'prudhommes'로 구성되어 있었는데, 그들은 상인들과 함께 여행하면서 분쟁사건이 발생하면 조언을 해주었다. 이 형평법원들은 오늘날의 중재인단의 역할을 한 것으로 추정된다(Earl S. Wolaver, 1934: 133-137). 영국의 일반 법원이 상인들의 사건을 취급하기에는 상관습에 관한 전문성 등 여러 면에서 상당히 열악하였으므로 자신들만의 상인의 법(the law of merchants)을 선호하였던 것이다. 게다가 소송으로 인한 고비용과 지연 문제 외에도 그들은

외국 ADR, 득이 되면 수입하자

사인 간의 지속적인 거래관계를 중시하였기 때문이기도 하다.

그런데 영국 커먼로 하에서는 당사자들은 언제라도 철회 통지로 계약상의 중재 조항을 철회시킬 수 있었다. 이 철회(revocation)가 이슈가 된 것은 일반적으로 1609년 Vynior 판례에서 유래된 것으로 간주된다(Paul L. Sayre, 1928: 602). Vynior 사건에서 법원은 중재인이 언제라도 철회할 수 있는 양 당사자의 대리인이라는 개념에 근거하여 당사자 어느 쪽이나 중재판정이 있기 전에는 언제라도 중재합의의 철회가 가능하다고 판시하였다. 그 후 이 철회가능성의 원칙(the doctrine of revocability)은 Kill v. Hollister와 Wellington v. Macintosh 판례들에 의해 지지되고 강화되었다. 당시의 영국 법원들은 중재를 분쟁해결에 대한 자신들의 지배권에 대한 바람직하지 않은 위협으로 간주하고 경쟁자(competitor)로 간주하였다(Bruce L. Benson, 1995: 483). 그 후 영국 커먼로(common law)의 지배원리인 철회가능성의 원칙이 변화된 것은 아니지만, 1856년의 Scott v. Avery 판례에서는 계약 당사자가 중재인들에게 회부되어 판정이 내려질 때까지는 소송을 제기할 수 없다는 것을 계약으로 합의할 수 있다는 정도로까지 진화되었다.

한편 위와 같은 커먼로 중재제도의 원리가 점차 파괴되는 시류를 깨달은 영국은 1698년에 최초의 중재법을 제정하였다. 이는 중재 의뢰를 철회한 사람들이 법정모욕죄로 처벌을 받도록 법원규칙을 만들어 규정함으로써 철회가 불가능하도록 한 입법이었다. 따라서 영국에서 커먼로의 철회성의 원칙이 깨지기 시작한 것은 영국 최초로 제정된 1698년의 중재법 이후라고 할 수 있다(Paul L. Sayre, 1928: 605-607). 그러나 그 법은 당시에 법원의 명령을 확보할 때까지는 한쪽 당사자가 여전히 철회가 가능하였기 때문에 현실적으로 광범위하게 적용되지는 못하였다.

중재인들이 더 효과적인 판정을 내릴 수 있도록 제정되었던 1698년의 중재법이 제정된 이래 영국에서는 많은 중재법들이 통과되었다. 하지만 1889년의 중재법이 통과된 이후에야 중재합의는 실질적으로 철회 불가능한 것으로 되었고, 중재인들은 사실문제(question of fact)에 대해서 최종적인 결정을 내릴 수 있었다. 그러나 과거 영국의 중재법 하에서는 현존하는(existing) 분쟁에 대한 중재 의뢰와 미래의(future) 분쟁에 대한 중재 의뢰 간에 구별이 없었으며, 그러한 구별은 나중에 미국의 중재법에서 나타나기 시작했다는 점을 유의하여야 한다.

식민지 시대

전술하였듯이 영국인들의 정착 이후 미국에서는 식민지 개척자들에 의해 영국에서 도입된 커먼로 중재제도가 발전하였다. 커먼로 중재제도에서 분쟁당사자들은 둘 또는 그 이상의 중재인들을 선임할 수 있었는데, 구두나 서면으로 중재인들에게 분쟁해결에 대한 방향을 제시하였고, 사건의 성질과 분쟁의 한계를 규정짓기도 했으며, 중재인들에게 증거를 심문하고 편정을 내릴 수 있는 권한을 부여하기도 하였다(Bruce H. Mann, 1984: 446). 자발적인 중재 의뢰는 어느 한쪽에서 철회가 가능하였기 때문에 당사자들은 중재 의뢰를 철회하는 것을 방지하고자 'deed'라고 하는 서면 증서를 사용하기도 하였다. 그러나 그 서면 증서도 법원이 그 위반에 대하여 명목적인 소액의 배상만을 허용하였기 때문에, 한쪽에서 철회할 수 있는 자발적인 과정의 한계를 극복하기에는 마찬가지로 역부족이었다. 따라서 중재판정은 집행력이 없었고, 중재판정의 집행이 성공하느냐의 여부는 법적 권위보다 당사자들의 신용에 의존하게 되었다.

결과적으로 커먼로 중재는 소송이 계류 중이 아니면 중재인의 결정이 법원에서 집행력이 있는 판정이 되지 못하였고, 중재인의 판정이 미래의 분쟁이 아닌 단지 현존하는 분쟁에 대해서만 구속력이 있었다는 측면에서 상당한 한계가 있었다(John R. Van Winkle, 1994: 736). 한편 식민지 시대의 미국에서 중재의 이용에 관한 상당한 증거가 있었으나, 문서화의 부족으로 그 기간의 중재에 관한 법원 기록은 아주 제한적인 자료만이 남아 있다. 독립전쟁 이전의 식민지 시대 판사들의 판결에 대하여는 1심이든 항소심이든 어떤 보고서도 없는 것이나 다름없다고 한다(William Catron Jones, 1956: 198).

미국의 식민지 시대 중재에 관한 초기의 법들에 관한 일부 연구가 있었다. 1647년에 뉴 암스텔담 지역에서 식민지 주민들에 의해 선출되어 시장과 시의회에 자문을 하는 9인 위원회가 있었는데, 존스(Sabra A. Jones, 1927: 246)는 이에 관한 '9인 위원회령(the ordinance of The Board of Nine Men)'을 미국의 상사중재에 관한 최초의 일반법이라고 주장하였다.

식민지 시대 미국의 초기 법들은 중재에 대한 조항을 갖고 있었으나, 그 대부분의 법은 중재할 수 있는 대상을 상당히 제한하고 있었다. 중재의 대상을 나타내는 초기의 법에 대한 예로는 불법침입(Trespasses)을 포함하고 있는 1650년의 커넥티컷법, 채무(Debt)나 불법침입을 포함하고 있는 1664년의 펜실베이니아법, 역시 불법침입을 포함하고 있는 1646년의 매사추세츠법과 1694년의 사우스캐롤라이나법 등을 들 수 있다. 이 법들은 공통적으로 불법침입에 관한 분쟁의 중재를 포함하고 있었다. 이로 미루어 볼 때 그 당시 중재는 재산의 보호에 관한 분쟁해결을 위해서 많이 이용되었음을 알 수 있다.

펜실베이니아에서는 대체적 분쟁해결을 촉진하기 위한 법을 1683년에 통과시켰다(Paul H. Haagen, 1999). 그 후 조지아에서 1698년에 중재에 관한 일반법을 통과시켰다. 1753년에 커넥티컷은 '중재에 의해 더 쉽고 효과적으로 분쟁을 종결시키기 위한 법(An Act for the more easy and effectually finishing of Controversies by Arbitration)'을 제정하였다(Bruce H. Mann,1984: 468-477). 브루스 H. 만은 1753년의 코네티컷법이 식민지 시대 미국의 중재에 관한 첫 번째의 공식적인 법률로 간주된다고 주장하였다. 커넥티컷 중재법은 중재인에게 이전의 법들보다 더욱 판사와 유사한 권한을 부여하였고, 심리 시 양 당사자에게 선서를 하게 하였으며, 변호사가 양 당사자의 법률자문으로 참석할 수 있도록 한 것이 특징이다.

또 다른 존스(William Catron Jones, 1956: 198-211)가 1674년부터 1784년까지의 뉴욕의 Mayor's Court에서의 판례를 수집한 것을 보면 뉴욕에서의 다양한 사건에서 중재를 사용한 것을 알 수 있으며, 뉴욕에서는 중재 조항을 포함한 성문법이 1768년에 제정되었다. 흥미롭게도 그 법은 당시 상황을 설명하는 입법취지를 기술하고 있는데, 상인의 소송과 오랜 신용거래에 대한 사건들은 오류가 많은 판결로 인해 상당한 시간이 소비되어 다른 종류의 소송은 지연되었다는 내용이 들어 있다. 이는 중재가 재판의 지연성을 보정하고 신속하게 분쟁을 해결하기 위한 수단으로 도입되었다는 것을 추론하게 한다.

한편 1768년에 뉴욕시에 의해 설립된 뉴욕상업회의소는 미국 최초의 항구적인 중재위원회를 설치하였다. 그 회의소는 독립전쟁 당시 영국이 점령하는 기간 동안 유일한 민사 재판소로서 자신들의 회원들 간의 분쟁을 중재로 해결하였다(Soia Mentschikoff, 1961: 855). 이러한 뉴욕상업회의소에 관한 기록은 18세기 후반 미국에서 중재 재판소에 관한 가장 뚜렷한 기록이라 할 수 있다. 존스(William Cartron Jones)가 뉴욕 상업회의소 회의록을 검토한 바에 의하면 중재인들은 중재위원회의 위원 중에서 선정되었으며, 당사자들에 의해 제기된 분쟁을 중재하기 위하여 매달(monthly) 임명되었다.

식민지 시대 후 1920년의 뉴욕법 이전의 시기

19세기에 있어 미국사회는 산업 발전과 인구의 증가로 더욱 복잡해졌다. 미국 대부분의 주들은 중재법을 통과시켰지만, 그 법들은 커먼로 중재의 배경을 단순히 성문화한 것이었다(Ian R. Macneil, 1992). 그러나 불행하게도 사실상 내용이 그렇게 풍부했던 19세기 중재법에 대해 초점을 맞춘 심도 있는 연구는 찾아보기가 어렵다고 한다. 미국의 전 근대적인 법들은 커먼로와 혼합되는 경향이 있었으며, 이러한 커먼로 하에서 중재인들의 결정은 미래의 분쟁에 관해서는 구속력이 없었고, 소송이 계류 중이 아니면 법원에서 집행할 수가 없었다. 1852년의 인디아나 중재법(the Indiana Arbitration Act)은 오히려 커먼로 중재를 확대시켰고, 오직 '현존하는' 분쟁에 대해서만 중재에 의뢰될 수 있도록 규정하였다(John R. Van Winkle, 1994: 603-604). 1970년에 인디애나에서 통일중재법이 채택되고 나서야 '미래의' 분쟁에 대해 중재에 부칠 수 없는 결함이 시정되었다.

그런가 하면 1873년의 일리노이법(the Illinois Statute of 1873)은 거의 근대적 중재법으로 간주될 수 있는 법이었다. 그 법 아래에서는 거의 어떤 종류의 분쟁도 중재에 부칠 수가 있었고, 당사자의 합의에 따라 현존하는 분쟁이든 미래의 분쟁이든 상관없이 중재판정이 집

외국 ADR, 득이 되면 수입하자

행 가능하였기 때문이다. 그 법은 중재에 관한 명백한 모범적인 입법으로 간주되었다. 특히 중재인에게 중재 심리 도중의 모욕에 대해서 당사자를 처벌할 수 있는 권한까지도 주어졌다. 중재판정은 서명을 한 서면으로 내려지도록 하였다. 또 구 커먼로와는 달리 유효한 판정을 내리기 위해 중재인 전원 일치가 아닌 다수결로 하였다. 법원은 법적 하자, 사기, 부패, 중재인의 비행과 그 밖의 부정당한 수단에 대해서는 판정을 취소할 수가 있었다.

그 후 1917년에 일리노이 주 의회는 그 1873년 법을 폐지하였고 개정 중재법을 새로이 입법하였다. 하지만 비록 그 1917년 법이 중재 의뢰의 '철회불가성'을 규정하였고 중재인들의 '사실에 관한 판단'을 재검토할 수 있는 법원의 권한을 제한하는 등의 진전이 있었음에도 불구하고, '미래'의 분쟁에 대한 중재 합의에 적용하는 데는 실패하였다. 또한 법률문제(question of law)에 관한 결정권한을 중재인들로부터 법원으로 이동하였으므로 이 법은 사실상 그 전 법보다 후퇴하여 근대 중재법이 되기에는 미흡한 것으로 평가된다.

이 시기의 중재법의 특성을 요약하면, 대부분의 주에서 중재법이 통과되었음에도 불구하고 각 주 법들의 통일성 결여는 19세기 미국 중재법들의 특성이었다. 특히 중재합의의 '철회 불가능성'에 대한 규정은 각 주 사이에 더욱 통일성이 부족하였다. 게다가 어떤 주의 법도 '미래의' 분쟁에 대한 중재합의도 집행 가능하다는 정도까지는 도달하지 못했다. 이와 같은 중재계약의 집행 불가능성으로 인해 분쟁 당사자들은 법정 쇼핑(forum-shopping)을 하러 다녔고 19세기 미국에서 중재는 분쟁해결에 있어 덜 매력적인 수단이 되어 갔다.

그러나 20세기 초의 새로운 경제적, 정치적 발전은 중재를 다시 매력적인 것으로 만들었다. 그중 한 요인은 노동운동이었는데 그것은 노조와 경영진 공히 그들의 갈등을 신속하고 저렴하며, 공정하게 해결할 필요가 있다는 것을 깨달았기 때문이다. 이 시대의 또 하나의 현저한 특징은 거래소나 무역협회와 같은 많은 경제조직이 발달하였고, 그들은 자기 회원들을 위하여 중재 규정을 유지하였다. 1916년까지 미국에는 약 6,000개의 상업, 산업, 무역 조직들이 있었는데 그들 가운데 많은 조직이 자신의 중재 규정을 갖고 있었다(Sabra A. Jones, 1927: 248). 그러나 그들의 중재 규정 하의 중재합의는 그들 회원들에게만 구속력이 있었으므로 비회원은 흔히 판정에 불복하였고, 두 조직의 회원 간에 분쟁이 발생하였을 경우에는 어느 쪽 규정이 적용되어야 하는가 하는 문제가 빈발하였다. 결국 그러한 문제해결의 필요성을 느낀 뉴욕 주 상업회의소와 뉴욕 변호사협회에서는 법의 초안을 만들어 주 의회에 입법을 요구하였으며, 이로써 마침내 1920년의 뉴욕 중재법이 탄생하게 되었다.

이 시기의 중재에 대한 미국 법원의 태도 변화에 대해 살펴보는 것은 의미가 크다 할 것이다. 근대 중재법 시대 이전의 중재에 관한 법

외국 ADR, 득이 되면 수입하자

원의 대도외 관련히여 미국의 초기 법원의 입장은 1609년 Vynior 사건의 '철회 가능성의 원칙'을 따르고 있었다. 미국의 커먼로 판사들은 18세기와 19세기 초기에 걸쳐 중재에 대하여 적대적이었다(Bruce L. Benson, 1995: 483-486). 1803년의 Gross v. Zorger 판결에서 펜실베이니아 대법원은 19세기 초반의 미국 법원들의 전형적인 적대적 견해를 나타냈고, 미국 연방대법원도 1803년 Williams v. Paschall 판결에서 유사한 결정을 보여주었다.

그러나 1842년에 연방대법원은 중재에 대한 엄격한 사법 심사와 적대감을 보였던 태도의 종료를 암시하는 신호를 보냈다. 이는 중재에 관한 연방법원의 견해에 변화를 보여주기 시작하였다는 것을 의미한다. 1842년의 Hobson v. McArthur 판결을 통해 법원은 중재에 대해 진보적인 입장으로 발전해 갔다.

1854년의 Burchell v. Marsh 판결에서는 1803년의 Williams v. Paschall 판례를 암묵적으로 뒤집어 놓았다. Burchell v. Marsh 사건에서 지방 소매상인인 Burchell과 뉴욕 회사들 간에 분쟁이 일어났다. 채권자들은 Burchell에 대해 소송을 제기하였다. 후에 그들은 중재인들에게 판정을 위임하는 것에 합의하였다. 이 사건에 대해 결과적으로 대법원은 "중재인들은 위임한 사건을 최종적으로 판정하기 위해 당사자들이 뽑은 심판관들이다. …만약 중재판정이 중재 의뢰 범위 내에 있고 당사자들에 대한 충분하고 공정한 심리 후에 중재인들의 성실한 결정이 내려졌으면, 법원은 법률상의 오류든 사실상의 오류든 간에 중재인들의 판정 오류를 취소시킬 수는 없다"고 판결하였다.

비록 미국의 법원이 1874년의 Home Insurance company v. Morse 사건에서 미래의 분쟁에 대한 중재합의에 대해서 사법적 적대감(judicial hostility)을 계속 보였지만, 중재에 대한 법원의 입장은 1911년의 Toledo Steamship Co. v. Zenith Trans. Co. 판례에서 보여준 바와 같이 계속적으로 그리고 점진적으로 변해 갔다. Toledo Steamship Co. 사건에서 두 증기선이 충돌하자 각 선주는 법원 소송을 피하기 위해 중재에 합의하였다. 3인의 중재인 중에서 2인이 신청인에게 충돌 사고의 과실 책임이 있는 것으로 하자 신청인은 중재 의뢰를 철회하려고 하였다. 또한 그 신청인이 임명한 중재인은 더 이상의 중재 진행을 거부하였다. 신청인은 중재판정이 내려지기 전에는 언제라도 파기될 수 있다는 커먼로 중재법을 근거로 주장하였고, 판정을 내리는 데도 모든 중재인들이 참가하지 않았다고 다투었다. 이에 법원은 중재판정은 신청인의 제소를 불허하는 완전한 판정이라고 하면서 "규칙의 엄격성은 과거 커먼로 판사들의 질시(jealousy)와 두려움에서 비롯되었고, …반면 근대적 견해와 관행에서 보면 중재에 의한 분쟁의 해결은 법원에 의해서 장려된다"고 판시하였다. 그러므로 중재에 대한 법원의 적대감과 중재계약의 철회가능성의 원칙은 1920년대 근대 중재법들의 통과 전에 이미 당시의 법원

외국 ADR, 득이 되면 수입하자

에 의해서 바뀌었거나 수정되었다고 봐야 한다.

2) 근대 중재법 시대의 중재는 어떻게 다른가?

근대화(Modernization)와 연방화(Federalization)

1920년의 뉴욕 중재법은 '현존하는' 분쟁과 '미래의' 분쟁에 대해 공히 중재합의의 '유효성(validity)', '집행 가능성(enforceability)'과 '철회 불가능성(irrevocability)'을 인정한 미국 최초의 근대 중재법이라 할 수 있다. 1923년에 뉴저지 주는 뉴욕 중재법을 모방하여 중재법을 제정하였다. 1925년에 오레곤 주는 중재법을 제정하였으나 아직까지 중재에 대한 사법적 적대감(hostility)이 잔존하였기 때문에 '미래의' 분쟁에 대한 중재 합의를 포함하는 조항을 명기하지는 못했다(Ian R. Macneil, 1992: 45-46). 1927년에는 유사한 중재법들이 캘리포니아, 펜실베이니아, 유타, 와이오밍과 노스캐롤라이나에서 통과되었는데, 그중에서 유타와 노스캐롤라이나 법들은 '현존하는' 분쟁의 중재만을 취급하였다(Richard C. Curtis, 1927). 이와 같이 비록 1920년의 뉴욕 중재법이 다른 주들의 중재법 통과에 영향을 주었지만 그 영향의 강도와 내용은 달랐다. 따라서 1920년의 뉴욕 중재법이 전근대적 중재법 시대와 근대적 중재법 시대를 구분하는 데 완전한 분기점이라고 말하기에는 어려운 측면도 있다. 하지만 1925년의 미국중재법(후에 연방중재법으로 명칭 변경함)이 1920년의 뉴욕 중재법을 따랐고, 이는 다시 1955년의 통일중재법으로 이어져 뉴욕 중재법 이후의 주요 흐름은 근대적 중재법 시대라고 할 수 있을 것이다.

1920년 뉴욕 중재법 통과 이후 개혁주의자들은 두 가지의 중요한 입법에 그들의 노력을 집중하였으니, 그것은 미국 중재법(the United States Arbitration Act)과 각 주들의 입법을 위한 모델법인 통일중재법(the Uniform Arbitration Act)의 마련이었다. 미국변호사협회(ABA)는 1920년 연차 총회에서 산하의 상업, 무역 및 상사법위원회(the Committee on Commerce, Trade and Commercial Law)에 상사중재의 전국적인 확산을 위한 보고서를 작성토록 지시하였다. 이에 1921년 동 위원회는 '해사(Admiralty), 주간(Interstate), 외국 상사(Foreign Commerce) 분쟁의 중재에 관한 법률'과 '중재에 관한 통일주법(the Uniform State Act on Arbitration)' 등 두 개의 법률안 초안과 함께 보고서를 제출하였다. 그중에서 전자는 1925년에 미연방의회에서 통과되었고, 후자는 추가 검토를 위해 통일주법위원회에 회부되었다. 연방의회는 1954년에 미국 중재법(the United Sates Arbitration Act)의 명칭을 연방중재법(the Federal Arbitration Act)으로 수정하였다.

그런데 통일주법위원회는 1921년에 중재위원회를 설립하고 1924년에 통일중재법 초안을 제출하였으나, 동 초안은 '미래의' 분쟁을 중재 대상에서 제외했고 법률문제를 법원에 회부하게 하는 전술했던 일리노이 주법 조항을 첨가하였다(Ian R. Macneil, 1992: 49-56). 격론 끝에 빈개혁적이었던 통일주법위원회는 1924년에 그 초안을 통일 중재법으로 승인하였으며, 그다음 해에 역시 길고 치열했던 논쟁 끝에 미국변호사협회는 통일주법위원회가 제안했던 '전 근대적인(non-modern)' 통일중재법을 승인하게 되었다.

당시에 시카고 같은 중서부의 사업가들은 1917년의 일리노이 법을 선호하였고 미래의 분쟁을 중재에 회부하는 것에 반대하였다. 게다가 미국변호사협회도 뉴욕이나 연방의 기대에 부응하지 못하였다. 따라서 결과적으로 이러한 전 근대적인 법은 1925년에 네바다(Nevada), 1927년에 유타, 와이오밍, 노스캐롤라이나에서만 채택되었고 그 법을 미국 전역으로 확산시키는 데는 실패하였다.

통일중재법의 근대화

1930년대에 잠시 소강상태였던 중재 개혁의 이슈는 근대적 뉴욕법을 모방한 '주 중재법을 위한 초안(draft for a State Arbitration Act)'이 1942년에 미국중재협회(AAA)에 의해 발간되면서 다시 불붙게 되었다. 한편 통일주법위원회는 냉소적인 분위기를 반영하여 '전 근대적인' 1924년의 통일중재법을 1943년에 철회하기에 이르렀고, 개정안을 마련하여 진지하게 검토한 후에 1955년의 통일중재법을 채택하였는데, 이는 미국변호사협회의 1955년도 총회에서 특별한 격론이 없이 승인되었다. 1955년의 새로운 통일중재법은 각 주에서 개혁주의자들의 추진 과정에서의 기폭제가 되었고, 1957년 미네소타, 1960년

매사추세츠, 1961년에는 일리노이, 그리고 델라웨어를 포함하여 9개의 또 다른 주가 1960년대 말까지 합세하였고, 1970년대에는 8개의 주가 추가로 채택하였다. 그 후 미국 대부분의 주는 '근대적인' 1955년 통일중재법을 채택하였다.

미국 중재법의 국제화(Internationalization)

미국 중재제도의 국제화와 관련하여 처음에는 1922년에 뉴욕 상업회의소와 미국변호사협회가 중재조약(arbitration treaty) 모델 초안을 제시하여 미국변호사협회의 1922년도 총회에서 승인하였으나, 1923년에 국제연맹경제위원회(the Economic Committee of the League of Nations)는 조약안의 '충분한 신뢰와 신용(full faith and credit)' 조항을 거부하여 그 모델 조약은 수십 년 동안 수면 아래로 잠기게 되었다(Ian R. Macneil, 1992: 159-161).

국제연합이 1958년에 외국 중재판정의 승인 및 집행에 관한 협약(the Convention on the Recognition and Enforcement of Foreign Arbitral Awards)을 채택하였을 때, 미국 국무부는 그 협약이 미국의 국가이익에 도움이 될 것인가에 관해서는 보다 철저한 연구가 필요하다는 취지로 동 협약에 대하여 꺼리는 태도가 담긴 서한을 연방의회에 제출하였다. 그러나 미국변호사협회는 세계 최대의 교역국가인 미국의 위상을 고려하여 그 협약을 인준하는 것이 좋겠다는 권고를 하였다. 하지만 결국 1970년에 가서야 비로소 미국은 미국

외국 ADR, 득이 되면 수입하자

변호사협회의 견해를 받아들여서 협약에 동의히였으며, 이는 미국 연방중재법 제2장에 도입되게 되었다.

미국 내의 중재법의 국제화는 1988년의 플로리다 국제중재법(the Florida International Arbitration Act of 1988)의 제정과 함께 다른 주들로 확산되기 시작하였다. 플로리다는 국제중재법의 제정을 통하여 다른 나라들, 특히 라틴 아메리카나 카리브 연안 국가들과의 국제중재 활성화를 희망하였다(Heather A. Purcell, 1997: 528-540). 일부는 연방중재법 외에 별도의 주 국제중재법의 필요성에 의구심을 가졌지만, 플로리다 법의 통과는 다른 주들에 '중재 달러'라는 새로운 추세에 참여하려는 욕구를 부추김으로써 국제중재법 문제를 검토하게 만들었다. 이러한 법들의 추진 동기는 각 주의 중재에 대한 우호적 분위기를 보여줌으로써 외국의 무역 주체들을 끌어들이려는 목적이었다고 할 수 있다.

그런데 비록 각 주의 국제중재법들은 연방중재법보다 더 최신이고 중재에 더 친화적이기는 하지만, 그 법들이 연방중재법의 조문들과 상충될 수 있다는 염려가 제기되었다. 이러한 염려와 논란에 다음과 같은 대법원의 판결은 국제중재법의 존재 의미를 고양하였다. 1989년 Volt information Sciences, Inc. v. Stanford Univ. 사건에서 Volt와 Stanford는 건축 계약을 체결하고 Volt는 Stanford 캠퍼스에 전기 시스템을 설치하기로 하였다. 그 계약은 양 당사자 간의 모든 분쟁은 중재로 해결한다는 합의와 준거법은 공사가 진행되는 장소의 법에 따른다는 것이 포함되어 있었다. 추가 작업의 보상에 대해 분쟁이 발생되자 Volt는 중재를 공식 요청하였고, 이에 Stanford는 캘리포니아 중재법인 캘리포니아 민사소송절차법(the California Civil Procedure Code)에 근거하여 중재의 중지를 청구하게 되었다. 대법원은 주 항소법원의 판결을 지지하면서, 양 당사자가 중재합의에 대하여 캘리포니아 법에 따른다고 합의한 경우에는 연방중재법이 캘리포니아 법에 우선적으로 적용되지 않는다고 판시하였다. 주법이 연방중재법과 배치되는 경우라 할지라도 당사자들의 의도가 가장 우선적인 고려사항이라는 대법원의 판결로 인하여 분쟁 당사자들은 그들의 국제중재에 적용하기 위한 특정 주법을 선택하는 데 훨씬 자신감을 갖게 되었다.

21세기를 향한 미국 중재법

미국의 통일중재법은 1955년에 통일주법위원회에 의해 채택된 이래 개정된 적이 없었다. 그러나 중재의 발전과 더 복잡해진 분쟁 양상을 반영할 필요성이 제기되자 통일주법위원회는 동 법의 개정을 위한 초안위원회를 설치하여 개정통일중재법(RUAA: the Revised Uniform Arbitration Act)을 입안하도록 하였고, 이는 2000년에 완결되어 승인을 얻게 되었다. 동 초안위원회는 낡은 통일중재법(UAA)의 낙후된 조항들을 근대화시켰고, 애매한 문제를 해결하였으며 판례법의 발전들을 새 조문에 반영하였다(Timothy J. Heinsz,

외국 ADR, 득이 되면 수입하자

2001: 2). 그 결과 개정통일중재법(RUAA)은 별개의 중재절차의 병합, 임시적 처분(provisional remedies), 중재인들의 면책, 전자정보의 사용 등과 같이 1955년의 통일중재법에서 다루지 못했던 많은 새로운 이슈들을 포함시켰다. 개정통일중재법은 미국 대부분 주들이 채택하였던 1955년 통일중재법과는 달리 그 채택 속도가 느리지만, 각 주에서 꾸준히 채택되고 있다. 2020년 2월 기준으로 워싱턴 D.C. 외에 21개 주에서 채택하였고, 메사추세츠를 비롯한 2개 주에서 심의 중에 있다(http://www.uniformlaws.org).

(2) 미국의 중재법 개혁과 새로운 입법과제

1) 개정통일중재법도 완벽하지는 않다.

2000년 8월 통일주법위원회는 개정통일중재법을 채택 발표하였다. 이는 연방중재법(the Federal Arbitration Act of 1925)으로부터는 75년 만에, 그리고 통일중재법(the Uniform Arbitration Act of 1955)으로부터는 45년 만에 그동안 논란이 되었던 중재법 분야의 법적 이슈와 케이스의 발전들을 담아내고 시대에 뒤진 조문들을 정리한 사실상 미국 중재법의 대개혁이었다. 그동안 통일중재법은 미국의 거의 전체 주에서 그대로 또는 변형을 가해 채택해 왔다. 통일주법위원회에 의하면, 35개 주에서 통일중재법(the Uniform Arbitration Act of 1955)을 그대로 채택하고, 14개 주에서는 통일중재법을 바탕으로 변형하여 채택하였으며, 총 49개 주에서 통일중재법을 채택하였다고 밝히고 있다.

그러나 과거의 통일중재법은 복잡 다양해진 중재 이슈들을 규율하기에는 미흡하다는 비판이 있었으므로 이를 수용하여 미국 전역의 각계 중재 전문가들의 토론과 연구 끝에 개정안이 마련되었다. 하지만 개정 통일중재법이 변화된 중재환경에 맞추어 중재에 관한 발전들을 다루어 줌으로써 진일보한 최신의 법인 것은 사실이지만, 중재절차를 너무 완벽하게 하려다 보니 소송과 비슷해져 버린 측면이 있는가 하면, 법안기초위원들이 추구했던 본래의 목적과는 다르게 효율성과 중재의 최종성(finality)이라는 본연의 특성이 오히려 훼손되는 측면도 발견된다.

앞에서 초기의 미국 중재법 제도의 형성과정과 개혁을 위한 연혁적 발전 노력들을 탐색하였으므로, 다음에서는 1955년의 통일중재법이 규율하지 않았던 이슈를 중심으로 2000년의 개정통일중재법의 주요 개혁내용을 살펴보고 미국 중재법의 남은 입법적(legislative) 과제들을 고찰하고자 한다.

2) 개정통일중재법의 주요 개혁내용을 알아보자

중재적합성(arbitrability)과 분리가능성(separability)

개정통일중재법은 중재적합성과 분리가능성에 대해 명백한 입장을 표명하고 있다. 동법은 법원이 실체적 중재적합성(substantive

외국 ADR, 득이 되면 수입하자

arbitrability)을 결정하고, 중재인이 절차적 중재직합성(procedural arbitrability)을 결정한다고 규정하고 있다. 따라서 법원은 중재합의가 존재하는지와 분쟁이 중재합의에 부칠 대상인가를 결정하고, 중재인은 중재에 붙일 조건이 성취되었는가를 판단한다.

한편 중재조항(arbitration clause)을 그를 포함하고 있는 계약 (main contract)과 분리하여 독립된 합의로 볼 수 있는가 하는 분리가능성의 원칙(the separability doctrine)과 관련하여, 동 법은 비록 본 계약(main contract)이 사기에 의해 체결되었다고 하더라도 중재조항(arbitration clause)을 본 계약과 분리하여 볼 수 있으므로 그에 기하여 중재절차를 진행할 수 있다는 대법원의 Prima Paint Corp. v. Flood & Conklin Manufacturing Co. 판결을 지지하는 규정을 두고 있다. 따라서 개정통일중재법 하에서 중재 합의의 효력을 부정하고자 할 경우에는 본 계약이 아닌 그 중재 조항 자체가 사기에 의해 이루어졌다는 것을 별도로 입증하여야 한다.

병합(Consolidation)

이는 다자가 참여하는 중재 상황에서 복수의 중재절차를 병합하여 하는 것으로서, 개정통일중재법이 미국 중재법의 가장 최근 버전이라는 것을 입증해 주는 조항이기도 하다. 중재 절차의 병합 처리는 캘리포니아와 조지아법에서 원용된 것으로서, 그동안의 연방중재법 하의 판례와 상반되는 입법이라는 면에서도 획기적인 의미가 있다. 중재 절차의 병합은 건설, 보험, 해상이나 대량 소비자와 관련된 사건과 같이 복수의 다툼 장소에서 법률문제나 사실 관계의 선결이 필요하거나, 큰 비용이 예상되고 유사한 거래가 서로 다른 중재판정을 가져올 가능성이 있을 때 그 유효성이 높다 할 것이다. 개정통일중재법은 보다 효율적인 중재에 관한 이러한 요구를 반영하여, 당사자의 요청이 있으면 동 법의 요구 사항이 충족될 경우에 법원은 분리된 중재 절차의 전부 또는 일부에 대하여 병합을 명령할 수 있게 하였다.

고지(Disclosure)

이는 중재인의 중립성 확보를 위한 것으로서, 개정통일중재법은 중재인의 윤리적 의무로서 중재인이 어느 당사자와 현재나 과거에 금전적, 개인적 이해관계가 있으면 모든 당사자와 다른 중재인에 대하여 이를 통보하도록 하였다. 이러한 의무는 비록 연방중재법이 중재인의 고지 의무에 관한 직접적인 규정을 두고 있지는 않았지만 중재의 중립성을 위해 연방중재법 하의 판례에서도 인정되었던 것을 명문화한 것이라 할 수 있다.

임시적 처분(Provisional Remedies)

임시적 처분은 중재의 대상이 된 재산을 양도하거나 담보를 잡힌다든지 하여 중재판정의 결과를 회피하고자 할 경우에 이를 미연에 방지하기 위해 유용하다. 이 조항으로 오히려 중재 절차가 지연되고 비용이 추가되며 복잡성을 증가시킬 수 있지 않나 하는 우려도 있으나 중재판정의 집행력을 높이기 위해 노입된 것으로 볼 수 있다.

개정통일중재법은 임시적 처분과 관련하여 상당히 치밀한 규정을 두고 있다. 중재인이 임명되기 전과 후로 경우를 나누어 규정하고 있는데, 중재인 임명 전이나 활동할 수 있는 상황 이전에는 법원에 임시적 처분을 당사자가 요청할 수 있고, 중재인 임명 후에는 중재인에게 임시적 처분을 할 수 있게 하되, 긴급한 상황이나 중재인이 적시에 움직이지 않을 경우에는 당사자는 법원에 임시적 처분을 신청할 수 있게 하였다. 과거에 1954년의 통일중재법 초안에는 임시적 처분에 관한 규정을 포함하였지만 정작 1955년의 통일중재법에는 그 조문이 빠져버렸다. 그럼에도 통일중재법 하에서 Salvucci v. Sheehan와 같은 판례를 통하여 임시적 처분은 인정되었었다. 연방중재법도 임시적 처분에 관한 규정은 없었지만 대부분의 연방법원들은 Salvucci 판례의 예를 동의하였다.

중재인 면책(Immunity of Arbitrator)

개정통일중재법은 중재인으로 하여금 중재 결과에 대하여 민사적 책임을 면할 수 있도록 하였고 중재와 관련하여 증언할 수 없도록 규정하였는바, 이는 중재인이 장래의 어떤 책임질 일에 대한 우려가 없이 공정하게 중재에 임하도록 하려는 취지이다. 개정통일중재법은 그러한 원칙에 대한 예외로서 중재인이 당사자에 대하여 소송을 제기하거나, 동 법이 규정하고 있는 중재판정의 취소 사유가 있는 경우에는 중재인이 증언하거나 증거물을 제출할 수 있게 하였다. 중재인 면책은 중재인을 민사에 있어 법관과 '기능적 동등성(functional comparability)'을 인정한 데서 비롯된다. 여기서 면책은 민사책임으로부터의 면책만을 의미하며 중재인의 비행으로 인한 형사책임은 면제되지 않음은 물론이다.

전자 중재(Electronic Arbitration)

1925년의 연방중재법이 제정될 때나 1955년의 통일중재법이 도입될 때는 오늘날과 같은 혁명적인 컴퓨터 발전이나 인터넷 환경에 대하여 상상도 못 할 시기였다. 분쟁 해결에 있어서도 의사소통이나 정보관리가 전자문서로 가능해짐에 따라, e-commerce 시대에 맞추어 개정통일중재법은 전자문서나 전자서명은 물론 전자중재(e-arbitration)도 가능토록 하였다. 그 외 개정통일중재법은 중재 절차를 진행시키는 중재인의 권한을 이전보다 훨씬 강화하는 등 중재의 효율성과 실효성을 확보하기에 필요한 규정들을 보완하였다.

3) 미국 중재법들의 문제점들을 검토해보자

연방중재법 규정의 중첩성

연방중재법은 외국중재판정의 승인과 집행에 관한 협약(the Convention on the Recognition and Enforcement of Foreign Arbitral Awards of 1958)을 제2장에, 아메리카 간 국제상사중재에 관한 협약(the Inter-American Convention on International

Commercial Arbitration of 1975)을 제3장에 반영한 바 있다. 그러나 제1장을 구성하는 중재에 관한 일반적 규정(general provisions)들은 부적절한 입법형식과 시대에 뒤떨어지는 내용으로 인하여 많은 비판을 받고 있다.

먼저 조문의 중첩성과 관련하여, 연방중재법은 제2장과 제3장을 추가하는 형식으로 외국중재판정의 승인과 집행에 관한 협약(뉴욕협약)과 아메리카 간 국제상사중재에 관한 협약(파나마협약)을 반영하였는데, 이러한 개정 형식은 동 법률의 상당한 중첩성을 야기하였다. 예를 들면, 뉴욕협약이나 파나마협약 하의 중재합의나 판정은 각각 그들 협약 자체의 규율을 받을 뿐만 아니라 미국 연방중재법 제2장과 제3장의 적용을 받는다. 또한 연방중재법 제2장과 제3장에 의한 규율과 연방중재법 일반조항(general provisons)인 제1장의 규율이 중첩적으로 적용되게 되어 있는 것이다(Heather A. Purcell,1997: 529-532). 따라서, 연방중재법은 입법론적으로 볼 때 '입법경제의 원리'의 측면에서 비효율적으로 규정되어 있다.

연방중재법과 각 주 국제중재법 간의 불일치

미국의 일부 주에서는 자신의 주가 국제중재에 친하다는 것을 보임으로써, 외국 거래주체들을 유인하고 국제 상거래를 활성화하기 위하여 중재법의 국제화를 시도하고 있다. 이러한 경향에 앞장선 주는 플로리다인데, 라틴 아메리카와 카리브해 국가들과의 국제중재를 활성화하기 위해 1988년에 플로리다국제중재법(the Florida International Arbitration Act of 1988)을 제정하였다. 퍼셀(Heather A. Purcell)에 의하면, 미국에서 국제중재법을 제정한 주들은 크게 세 가지 유형으로 나뉜다고 한다. 그중 하나는 UNCITRAL 모델법에 근거를 둔 법(California, Texas, Connecticut, Ohio, North Carolina, Oregon)이고, 두 번째는 통일중재법에 근거를 둔 법(Georgia, Colorado, Maryland)이며, 그 밖에 기타 법(Florida, Hawaii)이다.

당연히 최근에 입법된 각 주의 국제중재법들은 오래된 연방중재법보다 훨씬 중재 친화적일 뿐만 아니라 최근의 진전된 이론들을 반영하였다. 그러다 보니, 각 주의 중재법들은 연방중재법의 규정들과 상충할 수 있다는 우려가 대두되었다. 앞에서 살펴본 Volt Information Sciences Inc. v. Stanford Univ. 사건은 그러한 논란의 한 예이다. 전술한 바와 같이 이는 주법이 연방중재법에 반한다 할지라도 당사자의 의사가 우선적인 고려대상임을 인정한 판례이다.

국제중재법으로서 연방중재법과 각 주의 법 간의 이중구조는 차치하고라도, 연방법과 주법 사이의 그리고 서로 다른 주 사이의 중첩되는 법원(法源)들로 인하여 '국제중재에 있어 필수적인 일치성(uniformity)과 예측가능성(predictability)'이 심각하게 훼손되고 있는 실정이다(Jack Garvey & Totten Heffelfinger, 1991: 221). 이로 인해 소송이 야기될 가능성은 더 커지고 외국 거래인들은 다기

외국 ADR, 득이 되면 수입하자

화된 미국 법정 사이에서 혼돈과 어려움을 호소한다. 국제중재는 대
개 다양한 당사자가 개입되고 미국 연방의 이익이 걸린 문제가 많음
을 감안할 때, 최근의 국제거래에서 도출되는 이슈들을 반영하여 연
방중재법의 개정이 이루어지지 않으면 연방중재법과 괴리가 있는 각
주의 국제중재법들의 지속적인 확산은 연방법과 주법들 간에, 그리고
그에 근거한 각급 법원의 판결에 혼돈과 불일치를 더욱 키울 것이다.

연방중재법의 불명확하고 고어체적인 법조문

최근 우리나라 국회와 법제처에서는 법조문 중 일본식 표현이나 어
려운 한자가 들어 있는 조문을 일반 국민이 알기 쉽도록 법문을 개정
하는 노력을 하고 있다. 이는 늦으나마 적절한 조치이며 많은 성과를
보이고 있다. 법이란 법률가나 전문가를 위하여 있는 것이 아니며 궁
극적으로는 일반 국민을 위해 존재하는 것이다. 따라서 지켜야 할 일
반 국민들이 특별한 노력을 기울이지 않더라도 법조문을 이해할 수
있어야 좋은 법이다. 그러한 의미에서 본 미국의 연방중재법은 성공적
이지 않은 것 같다.

연방중재법을 들여다보면 어려운 법률용어는 차치하고서라도 복문
으로 계속해서 연결되거나 고풍스러운 표현으로 인하여 일반 국민이
이해하기가 어렵게 되어 있다. 그 예로 연방중재법의 조문 중 제4조
의 경우에는 세부 항(項)도 없는 상태에서 한 페이지 분량에 해당하
는 387 단어로 구성되어 있어, 그 조문을 읽는 데 지리할 뿐만 아니

라 무엇을 규율하고자 하는가도 분명치 못하다.

필자가 미국에서 연방중재법을 분석하면서 원어민인 미국 변호사와 몇 명의 영문학 박사과정에 있는 Writing Center의 교생(Tutor)들에게 연방중재법의 조문을 보여주면서 그들의 이해도를 실험해본 적이 있다. 그들은 미국인 중에서도 영어 문장의 이해가 최고 수준의 그룹임에도 불구하고, 조문을 읽는 도중 고통스러움을 표현하였으며, 조문의 일부에 대해서는 규율하고자 하는 내용이 무엇인지 정확히 이해하는 데 실패하였다. 이러한 문제점들이 발생하는 이유는 연방중재법이 1925년에 제정된 오래된 법이라는 사실에 상당 부분 기인하는 듯하다. 그 시대 이후로 입법기술(legislative technique)이 많이 발전하였으므로 향후 연방중재법의 개정 시에는 일반 국민이 편하고 쉽게 이해할 수 있도록 법조문이 수정되어야 할 것이다. 실제로 2000년의 개정통일중재법에서는 이러한 문제점을 의식한 법안 기초위원들이 일반 국민들이 훨씬 '이해하기 쉬운 법조문(articulate provisions)'으로 구성하였음을 밝히고 있다.

개정통일중재법의 문제점

개정통일중재법은 2000년 8월에 통일주법위원회에서 채택되었다. 동 위원회는 그동안의 통일중재법(the Uniform Arbitration Act of 1955)이 늘어 가는 중재 수요, 중재 의뢰된 분쟁의 복잡성 증대, 중재법 분야의 법적 이슈 발전 등에 부응하지 못하고 있음을 인식하고 이를 반영하기 위하여 개정안 기초위원회를 1996년에 구성하고, 미국변호사협회, 중재기관, 이해집단 등을 포함한 대표들과 함께 초안과 관련된 법적 이슈를 논의하기 위한 회의를 1997년에서 2000년까지 여덟 번에 걸쳐 가졌다(Timothy J. Heinsz, 2001: 2).

그들의 목표는 중재절차를 어떻게 하면 보다 효율적이고, 빠르며, 비용을 절감할 수 있는가였다. 그 결과 기존의 통일중재법보다 훨씬 세련되고 진보된 법안 도출에 성공하였다. 그러나 가능한 한 많은 이슈들을 포함시키고 중재절차를 철저히 하고자 하는 노력은 오히려 중재절차들을 소송과 유사한 구조로 만듦으로써 중재절차의 효율성과 최종성(finality)을 약화시킨 것이 아닌가 하는 지적도 있다.

그 입법기술적 측면의 문제점을 몇 개 조문의 예를 들어 살펴보고자 한다. 개정통일중재법 조문을 참고하면서 아래의 검토내용을 보기 위해서는 미국 통일주법위원회의 웹 사이트(http://www.uniformlaws.org/Act.aspx?title=Arbitration Act (2000))에서 개정통일중재법 조문을 찾아볼 수 있다.

개정통일중재법이 기존의 통일중재법보다 더 체계적이고 이해하기 쉽게 법조문이 구성되어 있고 법문의 내용도 명료해진 것은 사실이다. 그러나 개정통일중재법의 초안 작성에 많은 중재전문가가 다양하게 참여한 것은 사실이지만, 기초위원회에 얼마나 많은 입법전문가

(legislative specialists)가 참여하였는가는 명백하지 않다. 전체적으로 개선된 입법체계를 보임에도 불구하고, 개정통일중재법은 입법기술적 측면에서 세련되지 않은 부분이 발견되기도 한다.

예를 들면, Section 3(When Act applies)은 일종의 경과 규정으로서 동 법의 말미에 유사한 성격의 규정들인 Section 31(Effective date), 32(Repeal) 및 33(Savings clause) 근처에 배치하는 것이 나을 것이다.

또한 전술했듯이 법안 기초위원회가 새 통일중재법을 보다 완벽하게 하려다 보니 개정통일중재법의 일부 조문들은 순환적(circular)이고 중복적(redundant)일 뿐만 아니라, 중재절차의 효율성과 중재판정의 최종성(finality)이 떨어지는 결과가 야기되기도 한다. 아이러니하게도 법안 기초위원회가 원래 의도한 바와 상반된 결과를 초래한 셈인 것이다. 예를 들면 아래에서 보는 바와 같이 Section 20은 중재인의 판정 변경권(Change of award by arbitrator)을 규정한 것인데, Section 20(d)에 의하면, 중재판정의 확인(Section 22), 중재판정의 취소(Section 23) 및 중재판정의 수정이나 정정(Section 24)을 위한 청구가 법원에 제기되어 있는 경우에, 법원은 중재인이 그 판정을 수정하거나 정정할 수 있도록 그 청구를 다시 중재인에게 회부할 수 있도록 규정하고 있다.

Section 20(Change of award by arbitrator)은 다음과 같이 규정되어 있다.

(a) On [motion] to an arbitrator by a party to an arbitration proceeding, the arbitrator may modify or correct an award:

(1) upon a ground stated in Section 24(a)(1) or (3);

(2) because the arbitrator has not made a final and definite award upon a claim submitted by the parties to the arbitration proceeding; or

(3) to clarify the award.

··· (중략) ···

(d) If a [motion] to the court is pending under Section 22, 23, or 24, the court may submit the claim to the arbitrator to consider whether to modify or correct the award:

(1) upon a ground stated in Section 24(a)(1) or (3);

(2) because the arbitrator has not made a final and definite award upon a claim submitted by the parties to the arbitration proceeding; or

(3) to clarify the award.

하지만 중재인이 판정의 오류 등을 발견하여 스스로 수정할 수 있는 조항(Section 20(a))이 별도로 있고, 중재인에 의하여 그러한 오류가 정정되지 않으면 나중에 법원에 의하여 그러한 오류 등이 발견되어 법원이 스스로 수정할 수 있도록 조문(Section 24)이 마련된 상황에서, 또다시 Section 20(d)와 같이 중재인이 그 판정을 수정하거나 정정할 수 있도록 그 청구를 '법원이 다시 중재인에게' 회부할 수 있게 한 규정의 중복적이고 순환론적인 절차의 비효율성을 지적하지 않을 수 없다.

이와 같이 개정통일중재법의 완벽을 기하려는 듯한 입법 노력은 본래의 취지와는 달리 불필요한 반복과 비효율적인 절차의 추가를 통하여 중재법이 본래 추구하는 효율성과 최종성(finality)을 오히려 약화시키는 결과를 초래하였다고 할 수 있다.

4) 미국 중재법의 남은 입법적(legislative) 과제는 무엇인가?

미국은 세계에서 ADR이 가장 왕성한 나라라고 하여도 지나치지 않을 것이다. 우리의 상사중재원과 대비되는 미국중재협회만 하더라도 1926년 출범 당시 270건에 지나지 않던 케이스가 2002년까지 2백만여 건으로 누적되었다(American Arbitration Association, 2003: 122). 그럼에도 불구하고 연방중재법은 1925년에 제정된 이래 이렇다 할 입법적 보완이 미흡한 상태에서 법 제정 이후의 진전된 법적 이슈들과 케이스의 발전들을 담아내지 못한 구태의연한 법이라는 비판에 자주 노출되곤 한다(Jeferry Terry, 1999; Gary B. Born, 1994).

외국 ADR, 득이 되면 수입하자

1955년의 통일중재법 또한 반세기 가끼운 세월 동안 새로운 발전들을 담아내지 못하고 있었으나, 2000년에 개정통일중재법의 제시로 많은 법적 이론과 판례의 발전을 반영하게 되었다. 그러나 미국의 공식적인 중재법은 연방중재법이며, 통일중재법을 반영한 각 주의 중재법들은 원칙적으로 연방중재법에 반하는 규정들을 담고 있어서는 아니 된다. 또 상이한 판결로 논란이 있기는 하지만, 각 주의 법원이 중재조항이 포함된 사건을 다룰 때도 연방중재법에 배치되는 해석을 내려서도 아니 되는 것이 원칙이다.

1925년에 연방중재법이 제정된 이후로 중재에 관한 많은 이론과 케이스가 발전하였고, 중재 이슈를 둘러싼 환경 또한 크게 변화하였다. 비록 연방중재법이 외국중재판정의 승인과 집행에 관한 협약과, 아메리카 간 국제상사중재에 관한 협약을 집행하기 위한 제2장과 제3장을 신설하여 국제적 또는 지역적 수요들을 반영한 바 있지만, 중재에 관한 일반 규정(general provisions)은 입법적으로는 중재 이슈의 발전들을 제대로 담아내지 못하고 있다.

연방중재법은 전술한 제2장과 제3장을 제외하면, 중재에 관한 일반적 규정들을 다루고 있는 조문이 겨우 16개에 지나지 않는다. 제프리 테리(Jeferry Terry, 1999: 115-116)는 1996년의 영국 중재법이 110조로 구성되어 있으나, 미국의 연방중재법은 조문이 너무 빈약하게 되어 있다고 하면서 연방중재법의 진부함과 취약함을 지적하였다.

최근에 제시된 개정통일중재법은 국내 중재 규정만으로도 33개 조로 구성되었다.

개정통일중재법의 법안 기초위원들이 밝혔듯이, 중재 환경과 수요가 이제는 매우 복잡해져서 연방중재법의 조문만으로는 그 법적 이슈들을 다루기에 충분치 못한 상태에 있다. 게리 본(Gary Born, 1994: 188)은 연방중재법의 조문들이 산만하게 기술되어 있는가 하면 실체적, 절차적인 규정과 관할 및 구제 규정이 혼재되어 있어 규율하고자 하는 범위와 의미가 무엇이지 잘 알 수 없다고 비판하였다. 그러나 개정통일중재법은 최근의 발전들을 반영한 최신 법에 해당한다. 법안 기초위원회의 보고서에 의하면, 최근의 법적 이슈들을 담기 위하여 연방법원은 물론 각 주법원의 케이스들과 주법들을 중재법은 물론이고 관련 법률까지 광범위하게 조사 검토한 것으로 보인다. 게다가 동 기초위원들은 UNCITRAL 모델법, 뉴욕협약 및 1996년 개정된 영국의 중재법까지 참조하여 반영하였다. 그리하여 개정통일중재법은 연방중재법이 다루지 않은 많은 이슈를 다루고, 1955년의 통일중재법을 한층 보완하였다.

한편, 완벽한 중재의 모델법으로 만들기 위한 노력에도 불구하고 개정통일중재법은 국제중재 이슈를 다루지 않았다. 법안 기초위원회는 주 법원에서 국제중재가 이슈가 되는 경우가 거의 드물고, 국제적인 케이스를 위해 제정된 주법들이 워낙 다양하게 나타나고 있기 때문에 개정통일중재법에서는 국세중재 이슈를 포함시키지 않기로 결정하였다. 그러나 세계화 및 지역화의 추세와 함께 국제거래가 점증하는 현실에서 개정통일중재법에 국제중재 이슈를 담았어야 했다. 법안 기초위원회가 말했듯이 그동안 국제중재 케이스가 적었다 하더라도 점증할 미래를 대비해서라도 국제중재 관련 규정을 마련하는 것이 좋았을 것이다. 이미 제정된 각 주의 국제중재법들이 다양하게 나타나고 있다는 것이 오히려 개정통일중재법에서 통일된 모델을 제시해 줄 필요가 있다는 근거가 될 수 있다는 의미에서도 아쉬운 대목이 아닐수 없다.

국제중재법을 만들 때 어떤 주들은 UNCITRAL 모델법을 기준으로 하고, 다른 주들은 서로 다른 국제중재법들을 만들었으며, 그 외 많은 주에서는 국제중재법을 도입하는데 망설이고 있는 실정이다. 서로 다른 국내 주 법들이 미국시민권자들조차 혼란스럽게 하듯이 주별로 서로 다른 국제중재법들은 외국 거래자들에게는 더욱 혼란스럽고 이해가 어려운 일이다. 법안 기초위원들의 얘기대로 국제중재 이슈들이 아직 본격화되지 않았다고 인정하더라도, 45년 만의 통일중재법 개정은 그러한 혼동과 문제가 본격화되기 이전에 미리 개정통일중재법에서 국제중재 이슈들을 다루었어야 할 좋은 기회였다.

이제 미국의 연방의회는 연방중재법을 개정하는데 눈을 돌릴 때이다. 이는 미국의 기본적인 중재법이 연방중재법이기 때문이다. 전술하였듯이 과거의 1955년 통일중재법은 미국 대부분 주에서 채택한 바 있고, 2000년 제시된 개정통일중재법도 많은 주에 의해 속속 채택되고 있다. 따라서 미국에서는 (개정)통일중재법이 오히려 미국중재법의 기본법인 것 같은 양상을 띠고 있다. 연방중재법은 최근의 다양한 중재환경을 담기엔 너무 오래되고 빈약한(scanty) 내용의 법이다. 그럼에도 불구하고 연방중재법은 연방법으로서 각 주법에 우선적으로 적용(preempt)되는 것으로 간주되기 때문에, 낡고 취약한 법 (the Federal Arbitration Act of 1925)이 최신의 발전된 법(the Revised Uniform Arbitration Act of 2000)을 통제하고 발목을 잡는 형국이다. 낡은 연방중재법과 발전된 주 중재법 사이에서 충돌이 일어날 때 판결을 내려야 하는 법원(연방법원이든 주법원이든)도 곤혹스럽기는 마찬가지이다. 낡은 연방중재법은 각 주가 새로운 중재 이슈와 국제적 추세에 발맞추어 나아가고자 할 때마다 장애물이 되고 있으며, 게다가 서로 다른 양상으로 전개되고 있는 각 주의 국제중재법들은 이러한 혼동을 더욱 부채질 하고 있는 실정이다. 따라서 미국 의회는 다이나믹한 국내의 움직임(RUAA와 각 주의 국제중재법 추이)과 세계적인 추세(최근의 중국, 영국, 독일, 한국, 일본의 중재법 대개혁)에 귀 기울여서 낡고 뒤떨어진 연방중재법의 개정에 나서야 할 것이다.

외국 ADR, 득이 되면 수입하자

영국의 ADR 제도는 뒤늦게 발전했다

1. 영국 ADR의 발전과정

영국에서 중재는 오래전부터 발전해오다가 1698년에 처음으로 중재법 (the Arbitration Act 1698)이 제정되었다. 하지만 근대적 의미에서의 ADR 역사는 그리 오래되었다고 하기 어렵다. 영국 ADR의 역사는 민사 사법절차의 개혁에 대한 논쟁의 역사와 맥을 같이 한다고 할 수 있다. 영국의 ADR은 미국에서 1960년대와 70년대에 걸쳐 법정 밖에서 분쟁을 해결하는 대체적인 방법들이 제기되자 이에 대한 반발과 논쟁들이 있던 과정을 지켜보면서 싹을 틔우고 있었다.

영국에서 조정을 시행하는 ADR 기관은 산업 분쟁을 취급하기 위하여 1975년에 설립된 자문·알선·중재 서비스(Advisory, Conciliation and Arbitration Service: ACAS)에서 그 뿌리를 찾을 수 있다(Loukas A.

Mistelis, 2001: 172-195). ACAS는 주로 노사갈등 및 고용 분야의 분쟁을 해결하기 위해 ADR을 이용하였다. ACAS는 노사 분쟁에 대해 집단적 알선(collective conciliation)과 중재(arbitration)를 통해 파업을 방지하는 역할을 하며, 개별 근로자들의 권리보호를 위해 개별적 알선(individual conciliation)을 제공하기도 하는데, 그 외 노사관계에 대한 자문·정보제공·조사 활동·노사관계를 위한 지침서 발간 등의 서비스를 제공하였다(심준섭 외, 2013: 131).

영국에서는 1980년대에 들어서 비공식적 정의(informal justice)라는 개념이 도입되었고 '화해(settlement)'라는 주제가 논쟁의 중심이 되었으며, ADR이라는 용어가 서서히 일반화되어 사용되기 시작하였다. 1980년대 후반에 이르러서는 영국에 초기의 ADR 기관들이 들어서기 시작하였다. 상사 조정은 나중에 ADR Group이 된 IDR Europe Limited가 1989년에 서비스를 시작하였다. 1990년에는 분쟁해결센터(CEDR: the Center for Dispute Resolution)가 설립되어 국내뿐만 아니라 국제적으로도 ADR을 활용하는 기관이 되었고, 특히 상사 사건에 대해 조정을 제공하였다.

1990년대 초에는 변호사단체들(the General Council of the Bar와 the Law Society)에 의해서 ADR을 권장하는 보고서가 각각 발표되었다. 1990년대에 정부 측에서는 법무성과 무역산업성이 ADR의 보급에 중대한 역할을 하였다. 1995년에는 국립보건서비스(the National

외국 ADR, 득이 되면 수입하자

Health Service)가 의료과실 분쟁에 조정을 실험적으로 사용하였다. 한편 1990년대 초에 들어서는 이웃 간의 분쟁에 관한 불만과 보고가 늘어나게 되자 주민조정 프로그램(Community Mediation Program)이 이웃 간의 분쟁해결을 위한 유용한 수단으로 모색되기 시작하였다(Marian Liebmann, 1998: 28). 영국의 주민조정 프로그램 서비스를 제공하는 초기의 기관으로는 Newham Conflict and Change Project, Bristol Mediation, Mediation UK 등이 있었다.

영국 법원 내부에서도 ADR에 대해서 서서히 인정의 단계를 거쳐 지원의 단계로 발전해 갔다(Susan Blake, 2011: 8-9). 1976년의 Calderbank v. Calderbank 판결에서는 소송 중 화해의 제안이 지지되었으며, 1990년대에 들어서는 영국 법원의 가족분쟁부에서도 조정이 활발하게 이용되었다. 영국법원에서 ADR은 가족법 분야에서 먼저 실험적으로 시도되었고, 다음으로 상사법원(the Commercial Court)에서 복잡한 상사 문제에 대해 시간과 비용을 줄이기 위해 재판의 초기 단계나 특별한 이슈가 있을 때 당사자에게 조정을 권유하였다. 1994년에 상사법원은 상사사건에 있어서 당사자들에게 가장 비용 효과적인 분쟁해결 방법이 어떤 것인지 알게 하고, 변호사에게 조정 등을 통한 해결을 고려하게 하도록 ADR을 장려하는 지침을 발표하였다. 이러한 흐름은 1995년에 민사 분야에서도 비용감축과 재판의 지연을 줄이기 위해 고객들에게 ADR의 사용을 고려하게 하는 사건관리(Case Management)라는 지침으로 이어졌다. 영국 법원이 ADR의 이용을 실제적으로 촉진하기 시작한 것은 1990

년대 중반 이후이다. 1996년과 1997년에 각급 법원에서는 자발적인 것을 전제로 조정을 사용하는 방안들이 마련되었다.

1990년대 중반 이후 영국은 ADR을 향한 개혁 움직임이 활발해졌다. 영국은 21세기의 새로운 중재 환경에 대응하기 위하여 1996년에 중재법을 통과시킴으로써 새로운 중재법의 시대를 맞이하였다. 또한 영국의 사법제도의 문제점에 대한 조사나 보고들이 등장하였다. 1995년에 실시된 영국 소비자위원회(the National Consumer Council)의 조사에 의하면 법률 분쟁을 겪는 사람들의 75%가 민사소송제도에 불만을 가지고 있으며, 1,019명의 조사 대상자 중 77%는 사법제도가 너무 느린 것으로, 74%는 너무 복잡한 것으로, 73%는 달갑지 않고 시대에 뒤떨어진 것으로 인식하고 있었다(Loukas A. Mistelis, 2001: 178-179).

같은 취지에서 울프 경(Lord Wolf)은 1996년에 발표된 '사법에의 접근(Access to Justice)'이라는 보고서에서 비탄력적이고 지연되는 사법절차를 비판하면서, 민사사법제도의 두 가지 골칫거리가 소송의 지연과 고비용이라고 하였다. 그는 당시의 영국 사법제도가 너무 비용이 많이 들고 결론에 이르기까지 시간이 너무 오래 걸리며, 가진 자와 못 가진 자와 사이에 공평하지 못하는 등 문제가 많다고 지적하였다. 또 영국의 사법제도는 당사자에게 이해하기 어렵고 근대적 기술의 사용에도 뒤떨어져 있다고 하였다. 따라서 분쟁의 핵심 쟁점에 사법 자원을 집중하여 분쟁 당사자의 시간과 비용을 절감해줘야 한다는 것을 강조하였다(양경승, 2010: 19). 또한

외국 ADR, 득이 되면 수입하자

당사자들노 가능하년 소송에 이르기 전에 분쟁을 해결하는 것이 좋으며 소송을 피할 수 없으면 소송의 초기 단계에서 해결하는 것이 좋다고 강조하였다.

그렇지만 그 보고서는 법원연계 ADR(the court-annexed ADR)이나 ADR 절차의 의무화에 대하여는 아직 시기상조임을 밝혔다. 또 당사자가 자발적으로 선택하지 않으면 ADR은 덜 효과적일 수 있고, 당사자가 처음부터 ADR을 이용하면 상대방에 의해 자신의 입지가 약해서 그런 것으로 인식될까 봐 ADR 이용을 꺼릴 수 있다고도 하였다. 이러한 태도는 ADR 경험이 적은 법률 조력자에게도 마찬가지이기 때문에, 중립적인 입장에 있는 법원이 당사자에게 어떠한 분쟁해결 방식이 좋은가를 알려주는 적극적인 역할을 해야 한다고 하였다.

이후 정부는 1997년 2월에 개혁 민사소송법(the Civil Procedure Act 1997)에 대한 국왕의 재가를 얻었다. 울프 경의 보고서와 1997년 민사소송법에 이어 1999년 4월에는 민사소송규칙(CPR: the Civil Procedure Rules 1998)이 발효되었는데, 이는 최근 100여 년간 민사소송 절차를 가장 근본적으로 혁신시킨 것으로 평가되었다. 당시의 영국 민사법의 개혁에는 다음과 같은 네 개의 주요 목표가 있었다. ①편리함과 비용절감을 포함하는 소송절차의 단순화, ②소송절차의 적대적인 특성을 희석시킴으로써 분쟁해결을 적극적으로 관리하는 법관에 의한 사건관리, ③당사자 간의 접촉과 정보교환을 통해 화해를 촉진하는 소송 전 프로토콜

(pre-action protocols), ④법원 절차의 대체적 분쟁해결 방식 등이다. 이로써 법정 밖에서 화해에 힘입어 소송절차를 단순화하는 목표는 그 후의 조사에서 성공적인 것으로 간주되었고, 조정이나 ADR은 점점 힘을 얻어 나갔다. 그 후 1999년의 사법에의 접근법(Access to Justice Act 1999)에서는 조정과 조기중립평가 등 ADR을 법률부조의 대상으로 포함하기도 하였다.

이와 같이 1990년대는 영국에서 ADR은 중대한 개혁의 기간으로, 하나는 1996년의 새로운 중재법의 탄생이고, 또 하나는 1998년의 새로운 민사소송규칙이다. 또한 영국 법원의 ADR 지지는 Cowl v. Plymouth City Council이라는 유명한 판결에 더욱 힘을 얻었다(Loukas A. Mistelis, 2001: 181-182). 2001년의 Cowl v. Plymouth City Council 사건의 항소심에서 개혁 민사소송규칙의 기획자이기도 했던 울프 경은 분쟁이 ADR 절차에 의해 해결될 수 있는가를 고민해야 하고 소송은 최후의 보루가 되어야 한다는 것을 명백히 하였다. 이는 ADR의 이용에 대한 법원 및 변호사의 역할과 직업적 의무를 강조한 것이다. ADR, 그중에서도 조정은 수십 년 동안 가족·소비자 등의 분야에서 성공적으로 먼저 도입되었고, 기업분쟁은 나중에 ADR이 적용되었는데 이 중 건설 분야의 분쟁은 2000년대에 이르러 가장 ADR 이용자가 많은 분야가 되기도 하였다.

외국 ADR, 득이 되면 수입하자

2. 새로운 민사소송규칙(CPR)이
영국 사법형 ADR의 틀을 바꾸다

1996년 울프 경의 보고서는 민사사법제도는 소송 당사자에게 공정하고 합리적인 비용으로 적정한 절차가 보장되어야 하며, 그 제도를 이용하는 사람에게 반응적이어야 하고 효과적이면서도 정당한 결과를 낳아야 한다고 하였다. 또 소송의 비용을 감축시키는 데 중점을 두고 사건을 효율적으로 처리하기 위해서는 사건의 모든 이슈를 검토하는 것보다는 주요 이슈에 한정시켜야 한다고도 하였다. 새로운 민사소송규칙(CPR)은 그러한 울프 경의 보고서에 기초하고 있다. 1999년의 민사소송규칙(CPR) 이전에는 카운티 법원(County Court)의 재판 절차를 규율하는 카운티 법원규칙(County Court Rules)과 그를 제외한 나머지 법원의 재판 절차를 규율하는 대법원규칙(Rules of the Supreme Court)과 같이 두 개의 규칙으로 구분되어 있었는데, 민사소송규칙(CPR)이 과거의 카운티 법원규칙과 대법원규칙을 대체한 것이다(황승태·계인국, 2016: 180-183).

민사소송규칙(CPR)은 법원이 사건을 정당하고 사안에 비례적으로 맞게 처리하는 것을 최우선 목표로 하고 당사자의 동등한 보장(equal footing), 비용 절감(saving expense), 소송 가액과 사건의 중요성 및 복잡성이나 당사자의 재무 상황 등에 맞는 사건의 처리, 신속하고 공정한 (expeditious and fair) 처리, 법원의 자원에 맞도록 사건의 적절한 배분 (appropriate share) 등을 잘 하는 것을 골자로 하고 있다. 법원에는 그러한 최우선 목표를 달성할 수 있도록 권한을 행사하는 의무를 부여하며, 당사자는 법원이 그러한 최우선 목표를 추구하는 것에 협조하도록 요구하고 있다.

여기에서 적극적으로 사건을 관리하는 법원의 의무가 중요한데, 적극적으로 사건을 관리한다는 의미가 무엇인가를 이해하는 것이 필요하다. 적극적인 사건 관리는 당사자 간에 절차에서 상호 협조하도록 하고, 쟁점의 초기 단계에서 인지하게 하며, 어느 쟁점에 집중하고 어느 사안은 간략히 할 것인가를 결정하여 먼저 해결될 쟁점의 순서를 도출하고, 재판에 가지 않아도 될 것을 분별하게 하고 재판에 임하더라도 어떻게 빨리 효율적으로 분쟁을 해결할 수 있을 것인가 등을 관리해주는 것이다.

민사소송규칙(CPR)에서는 원고가 소장을 제출하면 피고는 원고의 청구를 인정하거나 부인하는 답변서를 제출해야 하는데 14일 이내에 답변이 없으면 법원은 재판을 하지 않고 의제자백 판결(Default Judgment)을 한다(양경승, 2010: 19). 만일 피고가 원고의 주장을 부인하는 답변서를 제출하면 청구 금액이 일정한 금액을 넘지 않는 경우에는 소액청구 방식(Small Claims Track), 소액청구 방식에 해당하지 않고 일정한 기간을 넘지 않는 경우에는 신속 방식(Fast Track), 위의 어느 쪽에도 해당하지 않는 사건은 복합 방식(Multi Track)으로 넘겨 심리를 진행한다.

민사소송규칙(CPR)은 시행 지침(Practice Direction)으로서의 소송 전 규칙(pre-action rules)을 통하여 분쟁 당사자들이 소송을 제기하기 전에 지켜야 할 절차를 정하고 있는 점에 특성이 있다. 이는 당사자들이 제소에 이르기 전에 스스로 다툼에 대하여 해결하거나 법원에 의한 사건 관리를 돕기 위하여 사건의 이슈에 관한 충분한 의견과 정보를 교환하고 ADR에 의한 분쟁해결을 고려하도록 하는 목적을 가지고 있다. 영국 법원에서 소송을 하고자 하는 당사자가 이러한 소송 전의 규칙을 준수하지 않는 경우에는 나중의 재판 절차에서 제재가 가해질 수 있으므로 재판에 들어가기 전에 소송 전의 규칙에 대하여 유념하여야 한다. 소송에 들어가기 전에 당사자나 변호사에게 분쟁을 해결하는 노력을 하도록 의무를 부여하는 영국 민사사법제도는 재판에 부쳐지는 분쟁을 줄이고 그 전 단계에서 해결을 유도하며 재판은 최후의 수단이 되도록 얼마나 신경을 쓰고 있는가를 알 수가 있다.

영국은 민사소송규칙(CPR)에 소송 전에 취해야 할 행위나 의무를 소송 전 프로토콜(pre-action protocols)과 소송 전 행위(pre-action conduct)로 규율하고 있다. 개별 사건 유형에 따라 소송 전에 정보를 교환하기 위하여 밟아야 할 절차를 규정하는 것이 소송 전 프로토콜이고, 소송 전 프로토콜이 적용되지 않는 나머지 사건에 대해서 시행지침(practice direction)에 근거하여 적용되는 것이 소송 전 행위이다.

2013년 기준으로 소송 전 프로토콜에 해당하는 청구 사건의 종류는 건설 청구(construction and engineering claims), 명예훼손 청구

(defamation claims), 신체 손상 청구(personal injury claims), 의료 분쟁 청구(clinical disputes claims), 직무상 과실 청구(professional negligence claims), 사법적 검토 서비스(judicial review), 질병 청구 (disease and illness claims), 주택 파손 청구(housing disrepair claims), 집세 연체에 의한 인도 청구(possession claims based on rent arrears), 모기지나 주택 구입 연체에 기한 인도 청구(possession claims based on mortgage or home purchase plan arrears in respect of residential property), 임차 종료 시의 상가 건물의 훼손 청구(claims for damages in relation to the physical state of commercial property at termination of a tenancy), 육상 교통 사고로 인한 신체 손상에 대한 소액 청구(low value personal injury claims in road traffic accidents), 고용주나 공공기관의 책임에 의한 신체 손상에 대한 소액 청구(low value personal injury (employers' liability and public liability) claims) 등 13개가 있다(Ashurst LLP, 2013: 2-4). 이 유형에 들지 않는 사건들에 대해서도 그 당사자들은 민사소송규칙(CPR)의 목적과 소송 전 프로토콜의 기본 취지에 맞게 합리적으로 관련 정보나 증거를 교환하고 재판에 이르기 전에 해결할 수 있는 노력을 기울여야 한다. 그럼에도 불구하고 당사자들이 비합리적으로 임했을 경우에는 이 역시 법원의 제재 대상이 될 수 있다.

그러면 소송 전 취해야 할 사항이란 구체적으로 무엇인가? 우선 정보의 교환이다. 당사자들은 서로의 입장과 화해에 관한 결정, 어떻게 진행될 것

외국 ADR, 득이 되면 수입하자

인지에 대하여 충분한 정보를 주고받을 것이 요구된다. 두 번째는 ADR의 이용을 고려할 의무이다. 당사자들은 소송에 의지하지 않고 분쟁의 해결을 시도하고 그를 위해 ADR 사용을 고려할 것이 기대된다. 법원은 당사자들이 어떤 ADR 방식을 고려했는지 입증하라고 요구하기도 한다. 셋째는 비례성의 원칙이다. 당사자는 합리적이고 비례성의 원칙에 맞게 행동할 것이 요구되며, 당사자가 소송 전의 단계에서 지나치게 많은 시간을 허비하지 않도록 하자는 원칙이다.

2009년에는 PDPAC(Practice Direction on pre-action conduct)을 새로 두었는데, 이는 그 전의 Practice Direction on Protocols을 대체한 것으로서 프로토콜이 적용되지 않을 경우의 소송 전 절차에 대한 안내로서의 소송 전 행위(pre-action conduct)의 지침이 되며, 모든 사건에 적용되는 요건들을 규정하기도 한다. 하지만 PDPAC은 합리적으로 준수되기를 요구하는 것으로 의무적(mandatory)이지는 않다. 만일 당사자가 PDPAC을 준수하지 않는다면 법원은 그에 대해 제재를 명할 것인가에 대하여 재량권을 갖는다. 그러면 소송 전 프로토콜과 PDPAC의 관계는 어떠한가? 특정 소송 전 프로토콜이 적용되면 그 관련된 프로토콜과 PDPAC의 규정을 함께 보아야 하며, 프로토콜의 영역에 해당하지 않는 사건의 경우에는 PDPAC이 적용될 소송 전 행위의 유일한 지침이 되는 것이다.

소송 전 규칙을 준수하지 않았을 경우에는 법원의 제재가 수반된다. 이 경우 법원은 당사자가 실질적으로 위반했는지를 사건의 규모나 성격, 문제의 시급성 등에 근거하여 비례의 원칙에 따라 보며 미미한 해태는 무시된다. 불충분한 정보의 제공, 시간제한 내에 대응하지 않는 경우, ADR 절차에 비합리적으로 참여하지 않는 경우, 정당한 이유 없이 요청받은 서류를 제출하지 않는 경우 등이 소송 전 규칙을 준수하지 않는 경우에 해당한다. 법원이 벌칙을 줄 때는 전반적인 상황을 고려하며, 소송의 아주 초기 단계에 그러한 위반을 판단한 경우에는 준수가 이루어질 때까지 소송절차를 중지하기도 한다. 이러한 소송 전 절차에 대해서 비판도 있다. 소송 전 절차는 민사소송의 비용을 증가시키고 절차를 지연시킬 수 있다는 것이다. 당사자의 지나친 정보나 서류 요구는 절차를 지연시킬 수 있을 뿐만 아니라 자신에 대한 방어용으로 악용되기도 하기 때문이다.

조정을 포함한 ADR은 당사자의 신청이나 법원의 제의로 이루어지는데, ADR을 이용할 것인가에 대한 궁극적인 판단은 당사자의 재량에 달려 있다. 그렇다면 법원이 ADR의 이용을 명령 등을 통하여 강제할 수 있는가? 이에 대해 Halsey v. Milton Keynes General NHS Trust(2004) 사건에서 법원이 강력하게 권유할 수는 있어도 ADR 절차를 선택하기를 거부하는 당사자에게 강요하는 것은 유럽인권협약의 사법 접근권을 침해하는 것으로 확인하였다(이로리, 2009b: 494-496).

민사소송규칙(CPR)은 국민들이 분쟁해결을 위한 법적 절차를 보다 저렴하고 빠르며 쉽게 함으로써 사법 접근성을 높이자는데 목표를 두고 있

외국 ADR, 득이 되면 수입하자

었나. 민사소송규칙(CPR)은 ADR을 영국 민사사법제도의 중심에 갖다 놓았으며, 그 핵심 정신도 ADR이 분쟁해결의 주된 방법이어야 하고 소송은 마지막 수단이 되어야 한다는 것이었다(Susan Blake, 2011: 76). 따라서 영국에서 민사소송규칙(CPR)이 발효된 이래 ADR 절차가, 그중에서도 조정의 이용이 현저하게 증가한 것은 당연한 수순이었다.

3. 영국의 ADR 기관은 어느 정도로 발달했나?

영국은 근대적 의미의 ADR 역사가 비교적 짧은 것에 비해서 최근 ADR의 이용과 ADR 기관들의 운영은 상당히 활발한 동향을 보이고 있다. ADR 기관에 의해 처리되는 다양한 분쟁들과 ADR 기관 간의 건전한 경쟁들이 영국의 ADR에 대한 대중들의 인지를 넓히고 ADR 발전에 크게 기여하였다. 영국에서 ADR은 특히 민사나 상사 분야에서 중요한 역할을 한다. 영국에서 ADR 기관은 주로 자선기관이나 비영리기관의 형태로 운영되지만 점점 영리를 목적으로 하는 사업으로서도 커나가고 있다.

영국의 주요 ADR 기관을 살펴보면, 먼저 ADR Group은 1989년에 설립되어 조정을 전문으로 하는 기관이다(Loukas A. Mistelis; 2001: 196-201). 은행, 보험, 계약, 공증, 재무, 의료과실, 신체 상해 등과 관련된 분쟁의 조정을 시행한다. 또한 조정 교육 서비스를 제공하는데 가족

조정을 위한 특화 교육도 시행한다. 다음으로, 분쟁해결센터(CEDR: the Center for Dispute Resolution)는 1990년에 설립되어 영국에서 가장 유명한 ADR 기관이자 ADR계를 이끄는 선도적인 국제적 ADR 기관이다. CEDR은 자사의 홈페이지에 스스로 세계에서 가장 큰 갈등관리 및 분쟁 해결 자문회사라고 소개하고 있다(http://www.cedr.com). 주로 상사 조정을 하며 2008년 500여 건, 2009년 600여 건, 2010년 600여 건의 조정 사건을 처리하였고, 설립 이후 지난 20여 년에 걸쳐 전 세계에서 약 4만 명이 넘는 고객의 분쟁을 처리해 주었다.

Mediation UK는 1984년에 FIRM(Forum for Initiatives in Reparation and Mediation)으로 출범하였으나 1991년에 Mediation UK로 명칭을 바꿨다. 결혼, 기업, 고용, 신체 상해, 의료과실 사건을 취급하며 또 다른 중요 활동은 지역사회(Community) 분쟁해결이다. 그러나 Mediation UK는 2006년에 청산 절차에 들어갔고, 현재 Mediation UK의 홈페이지는 폐쇄되었다. 그 외 Advisory, Conciliation and Arbitration Service(ACAS), the Academy of Experts, ADR Chambers, ADR NOW, Midlands Mediation 등 많은 민간형 ADR 기관이 있다.

한편, 영국에서는 조정 서비스 기관의 품질을 관리하거나 조정에 대한 홍보 및 조정 서비스 기관을 연결해주는 전국망을 가진 지원조직이 발달하였다. 민사조정협의회(CMC: the Civil Mediation Council)는 조

외국 ADR, 득이 되면 수입하자

징 시비스 기관, 독립적인 조정인, 학자, 법률 관련 단체, 정부 부처 등이 협력하여 2003년에 만든 조직으로서 2005년만 해도 19개의 조정 서비스 기관들만을 회원으로 유지하고 있었으나 현재는 400여 개인 및 기관이 회원으로 가입되어 있다(http://www.civilmediation.org). 회원이 되기 위해서는 소정의 기준을 충족해야 한다. CMC는 조정 서비스 제공 기관의 건전성을 유지하기 위하여 서비스 기관 인증제도(accreditation scheme)를 실시하였다. 이는 법무성에서 조정서비스 기관의 품질을 인정해주는 기준으로 사용되었다.

전국조정지원라인(NMH: National Mediation Helpline)은 조정을 보급하기 위하여 2004년에 시범 사업을 실시하다 2005년에 출범하였는데, 법무성은 민사조정협의회(the Civil Mediation Council)와의 협조로 NMH를 지원하였다. NMH는 직접 조정 서비스를 제공하지는 않고 조정제도에 대한 일반적인 질문에 응답하며 정보제공과 홍보하는 역할을 하였으며, 상담자가 원하면 조정 서비스 기관에 연결시켜주기도 했다(김태홍, 2005: 203-205). 그러나 2011년 10월에 영국 정부와 법무성은 전화로 상담해주는 NMH를 종결시키고, 그 대신에 온라인으로 법원 외부의 민간형 조정 서비스기관 리스트를 제공하고 있다.

영국에서 조정인이 되기 위해서는 6일에서 10일간에 걸친 평가가 포함된 교육훈련을 받아야 한다. 상사조정에는 한 명의 조정인이 조정을 시행하는 경우가 많으며, 직장문제 조정이나 주민조정에는 두 명의 조정인이

하는 경우가 많다. 일부 유능한 조정인들은 어느 기관에도 소속되어 있지 않고 독자적으로 활동한다.

그 밖에 중재를 비롯한 ADR 서비스를 시행하거나 교육을 시행하는 영국의 ADR 기관으로는 런던국제중재재판소(LCIA: The London Court of International Arbitration), 공인중재인협회(CIArb: the Chartered Institute of Arbitrators), 런던해사중재인협회(LMAA: The London Maritime Arbitrators Association), 민간엔지니어회 (ICE: The Institution of Civil Engineers), 왕립공인감정평가사회 (RICS: the Royal Institution of Chartered Surveyors) 등이 있다.

외국 ADR, 득이 되면 수입하자

독일의 ADR 제도는
대륙법계 국가로서의 특성이 있다

1. 독일 ADR의 발전과정

독일에서는 전통적으로 국민들로부터 신뢰가 높은 법원과 법관에 의한 재판을 통한 분쟁해결에 대한 자부심이 높다. 또 영미권의 국가들보다 판결에 이르는 기간이 상대적으로 짧고 소송비용도 많지 않은 점 등을 이유로 화해 제도를 제외하고는 재판 외의 분쟁해결 방식에 관심도 적었다(황승태·계인국, 2016: 154). 따라서 독일에서는 1970년대부터 있었던 미국의 이웃분쟁해결센터(neighbourhood justice center) 운동이나 스칸디나비아 제국에서 발전한 옴부즈만 제도와 같이 주민이나 소비자들의 분쟁해결 과정에 시민들이 관여하기 시작한 것에 자극을 받은 1970년대 후반에 ADR에 관한 논의가 활발하게 이루어졌다(三上威彦, 2001: 66).

독일에서 ADR에 관한 논의는 주로 고액의 절차비용과 장기화되는 절차, 법률 지식의 결여, 복잡한 법률전문용어, 절차와 심급에 대한 무지나 불안으로 인한 정의에의 접근 어려움 등을 개선해야 한다는 주장들이 포함되었다(Rottleuthner, 1982: 146). 또한 ADR에는 모든 당사자들이 포괄적인 토론을 하고, 깊이 내재되어 있는 분쟁의 원인을 찾아 해결하는 것이 중요하였다. 기업을 둘러싼 분쟁의 해결은 절차를 공개하는 것보다 비공개로 진행하는 것이 바람직하다는 측면이 있고, 일반시민의 소액사건에 대해서는 가능하면 간소한 방법으로 저비용이면서도 신속하게 해결하려는 실제 상의 필요성이 있었다(Hanns Prütting, 1985: 263).

1977년에는 법사회학회에서 '대체적 분쟁해결 방식'에 관한 토론을 개최하였고, 1979년의 독일법관회의에서는 연방헌법재판소의 Ernst Benda 재판관과 연방법원의 Gerd Pfeiffer 연방판사가 법원의 업무량 증가를 '불충분한 권리보호'라고 표현하면서, 독일에서의 재판 외 분쟁해결제도에 관심이 쏠리게 되었던 원인을 법원의 사건 수 증가에 따른 업무 부담에서 찾아도 좋은가에 대한 문제제기를 하였다(양병회, 1998: 414). 그 후 1981년 연방 법무부의 주관으로 'Alternativen in der Ziviljustiz'란 주제의 학술대회가 열리게 되었다.

1980년대에는 많은 학자들이 민사재판의 대체성에 관한 연구를 활발히 전개하였다. 재판 외의 분쟁해결제도의 도입에 대한 찬반 논란도 따랐다. 1983년에 개최됐던 민사소송법 국제회의에서 B. von Hoffmann 교수는 그의 논문을 통하여 재판 외의 분쟁해결제도를 소송의 의무적 사전

외국 ADR, 득이 되면 수입하자

절차로서 제도화하자는 주장에 대해 그 이섬은 인정하면서도 새판 외 분
쟁해결제도가 법원의 부담을 줄일 수 있다는 점에 대하여는 동의하지 않
았다(양병회, 1998: 415). 그에 의하면 분쟁해결에서 재판 또는 재판 외의
분쟁해결제도를 이용할 것인지는 당사자의 판단에 맡기는 것이 좋고, 재판
의 사전절차로 재판 외의 분쟁해결제도를 도입한다면 법적 심문을 요구할
수 있는 헌법상의 권리가 침해될 수 있다는 것이다.

독일에서는 법원의 업무 부담 가중이 중대한 이슈가 되자 그에 대처하
기 위하여 법원의 업무나 기능을 분배하는 것이 필요하다는 인식이 확대
되었다. 그 일환으로 독일의 법무부는 '조정은 재판보다도 좋다(Schlichten
ist besser als Richten)'라는 책자를 통하여 ADR에 대한 계몽활동을
해 나갔다(三上威彦, 2001: 66-67). 이와 같은 법원의 업무 부담을 경
감하기 위한 경향은 1974년의 지방재판소의 부담경감과 재판상의 의
사록 간소화에 관한 법률(Gesetz zur Entlastung der Landgerichte
und zur Vereinfachung des gerichtlichen Protokolls), 1976년의 재
판절차의 간소화와 촉진에 관한 법률(Gesetz zur Vereinfachung und
Beschleunigung gerichtlicher Verfahren), 1990년의 사법간소화법(Re
chtspflegevereinfachungsgesetz)을 거쳐 법원의 업무 부담을 덜기 위한
1993년의 사법부담경감법(Rechtspflegeentlastungsgesetz) 등 일련의 입
법을 통하여 법원에 계속된 사건의 신속한 처리를 도모하여 갔다.

1999년에는 재판소 외의 분쟁해결의 촉진에 관한 법률(Gesetz zur

Förderung der außergerichtlichen Streitbeilegung vom 15. 10. 1999)을 제정하여 국가적으로 직접 ADR의 이용을 촉진하는 정책을 채택하였다. 이 법률은 법원의 업무 부담 경감, 신속하고 저렴한 분쟁해결, 실질적이고도 지속적인 권리의 충족을 목적으로 하여 민사사건에 대해서 각 주에 있는 화해소(Gütestelle)에서의 화해를 의무적으로 민사소송에 전치한 것에 특색이 있다. 이러한 화해의 전치주의는 독일 ADR의 이용 건수를 크게 증가시키는 요인이 되었다.

2001년에는 민사소송개혁법(Geset Zur Reform des Zivilprozesses)을 제정하여 분쟁의 화해적 해결, 1심의 집중 및 강화, 상소제도의 개편을 기하고, 이어서 2002년의 민사소송법 개정에서는 재판 외 분쟁해결의 장려를 위해 화해를 위한 변론, 법원 외의 화해, 서면화해제도 등을 도입하였는데, 노동법원 절차의 화해선행제도를 모방하여 화해를 위한 변론제도를 채택함에 따라 법원은 법원 외 조정기구에서 이미 화해를 시도하였거나 화해를 위한 변론이 명백하게 의미가 없는 경우를 제외하고는 구술변론 전에 화해를 위한 변론을 개시하도록 하였다(정선주, 2012: 415-417). 그런데 이러한 선행적 화해변론제도는 이 제도의 모델이 되었던 노동법원 절차와는 달리 절차의 초반에 당사자의 화해체결 의사를 기대하기가 어려워 지속적으로 폐지가 주장되어 왔다.

최근 2012년에 독일은 유럽연합의 조정지침에 의거하여 '조정 및 재판 외 분쟁해결 절차의 촉진을 위한 법(Gesetz zur Förderung der Mediation

외국 ADR, 득이 되면 수입하자

und anderer Verfahren der auβergerichtlichen Konfliktbeilegung)을 제정하였다. 그동안 독일에서는 조정제도에 관한 일반법이 없이 법원의 소송절차와 무관하게 행해지는 재판 외 조정, 소송 진행 중에 다른 기관에서 시행되는 법원 외 조정이나 수소법원이 아닌 법관에 의한 법원 내 조정 등 다양한 형태의 조정이 법적인 근거가 미약한 상태에서 시행되어 왔다.

그러한 상황에서 2012년 조정법은 법원 내 조정에 관한 법적인 근거를 명확히 하였다는 점에 의의가 크다고 할 수 있다. 또 조정인에 대한 교육과 자격 부여 등에 대해 명시적으로 규정한 것도 이채를 띤다. 동 법은 조정은 물론 옴부즈맨, 어쥬디케이션(adjudication), 간이심리, 조기중립평가 등의 다양한 분쟁해결 기법의 활용을 가능하게 하고, 실행력을 제고하기 위해서 조정기법이나 기타 ADR 기법으로 분쟁을 해결한 경우에 비용을 경감하거나 면제해주는 방안을 도입하였다(심준섭 외, 2013: 128). 독일 조정법은 연방정부로 하여금 5년 후 이 법의 영향을 평가하고 추가적인 입법조치의 필요성을 판단하게 하고 있다.

2. 소송 절차상의 화해제도를 알아보자

독일은 화해제도에 관하여 오랜 전통을 가지고 있다. 일찍이 보통법 시대의 민사소송에서 법관은 화해 권유의 의무가 있었고, 프로이센 사법

제도에서도 화해 시도를 하도록 되어 있었다(양병회, 1998: 414-421). 1870년의 민사소송법에는 화해 절차에 대해 별다른 태도를 보이지 않다가 1924년 민사소송법 개정에서 간이 사건이나 소액 사건에 대해 의무적으로 화해를 제도화하는 듯하였으나 1950년에 폐지되었다. 하지만 1976년 개정에서는 소송절차의 어떤 단계에서도 법관은 화해 권고를 하도록 하였다.

1990년 민사소송법 개정에서는 사물 관할의 소가기준을 인상하여 단독판사의 관할 확대, 소가의 인상에 의한 상소제한, 서면절차 및 증거신청과 증거조사 절차의 간소화 등을 통하여 신속하게 소송절차를 진행할 수 있도록 하였는데, 제1044b조를 신설하여 새로운 형태의 재판화해로서 변호사화해(Anwaltsvergleich) 제도를 도입한 것이 특징이라 할 수 있다. 변호사화해 제도가 마련되기 전에도 실무에서는 변호사들에 의해 화해가 이루어져 왔으나 이러한 화해는 소송 외의 화해였기 때문에 채무자에 대한 집행을 위해서는 다시 법원에 소를 제기하여 판결을 구해야 했다.

그러나 변호사화해 제도의 도입으로 양쪽 당사자가 선임한 변호사의 관여 하에 성립한 화해에 대하여 화해 내용에 강제집행을 승낙하는 취지의 기재가 있으면, 당사자 일방의 신청에 따라 집행력을 부여하도록 한 것으로서, 이는 재판에 대체될 수 있는 분쟁해결의 구체적이고 효과적인 대안을 제도화한 것으로 평가된다. 이 제도는 무엇보다도 사법제도 개선을 통한 민사법원의 업무경감을 목적으로 하고 있으며, 번거롭고 절차가 어려운 소송절차를 변호사나 공증인에 의해 분쟁을 해결하는 재판 외의 민사 분쟁해결제도라 할 수 있다.

2001년에는 민사소송개혁법(Geset Zur Reform des Zivilprozesses)을 제정하여 분쟁의 화해적 해결, 1심의 집중 및 강화, 상소제도의 개편을 도모하였다. 이어서 2002년에 개정된 민사소송법에서 모든 심급의 법원은 소송절차의 모든 단계에서 화해적 해결을 위해 노력하여야 한다는 기본 원칙을 선언하고 재판 외 분쟁해결을 강화하였다(양경승, 2010: 29-31). 이 법에 의하면 의무적인 화해 변론은 소송 외에서 ADR을 거쳤거나 화해의 가능성이 명백하지 않은 이상 본안에 관한 구술변론에 앞서 실시되어야 하며(ZPO 제278조 제2항), 이를 위해 법원은 분쟁에 관하여 당사자들과 토론하거나 심문할 수가 있다. 수소법원은 화해를 위해 사건을 수탁판사나 수명법관에게 회부할 수도 있고, 법원 외 조정을 제안할 수도 있는데(ZPO 제278조 제5항), 화해 교섭이 진행 중인 경우 당사자 쌍방의 신청으로 소송절차를 중지한다(ZPO 제251조). 화해가 이루어지면 법원은 결정으로써 그 내용을 확인하게 되지만(ZPO 제278조 제6항) 집행권원을 위해 따로 화해조서를 작성하여야 한다(ZPO 제160조 제3항 제1호). 화해가 성립하지 않은 경우에는 어떤 화해안이 제시되었고 거절 이유가 무엇인지 등 화해변론의 결과를 조서에 기재하여 심리의 자료로 한다(ZPO 제160조 제3항 제10호).

3. 소송절차 외의 ADR 제도는 어떻게 되어 있나?

독일 ADR 제도는 크게 법률에 근거하여 설치되는 ADR 제도와 꼭 법률에 의하지 않고도 설치될 수 있는 ADR 제도로 나눌 수 있다고 한다. 또 법률에 근거하여 설치되는 ADR 제도는 사전 이용이 의무화되어 있는 ADR 제도와 그렇지 아니한 ADR 제도로 구분할 수 있다. 사실 우리나라와 같은 대륙법계임에도 불구하고, 독일의 ADR 제도 전반에 대하여 체계적으로 연구한 국내 문헌이나 자료는 찾아보기 어렵다. ADR 제도의 일부분에 대한 논문이 간헐적으로 소개되는 정도이다. 따라서 이하에서는 최신성의 측면에서 한계는 있지만, 독일의 ADR 제도에 대하여 三上威彦(2001: 67-68)가 쓴 「비교 재판외분쟁해결제도」라는 책의 내용을 발췌하여 소개하면서 독일의 소송절차 외의 ADR 제도를 중심으로 살펴보고자 한다.

(1) 법률에 근거하여 설치되는 ADR 제도

사전 이용이 의무화되어 있는 ADR 제도

법률에 근거하여 설치되는 ADR 제도 중 사전 이용이 의무화되어 있는 것으로는 발명품에 관한 분쟁, 저작권사용료를 둘러싼 분쟁, 부정경쟁과 관련된 분쟁, 자동차사고보상기금에 관한 분쟁, 직업훈련 중의 분쟁, 사용자와 경영협의회 사이의 분쟁 등 다양한 것이 있다. 이 중 발명품에 관한 분쟁이나 저작권사용료를 둘러싼 분쟁해결을 위한 ADR기구에 접수된 사건의 대다수는 성공적으로 해결되고 있나는 보고가 있지만, 부정경쟁을 둘러싼 분쟁을 비롯한 여디의 분쟁은 ADR기구를 통한 이용 빈도가 현저히 낮은 실정이라 한다.

사전 이용이 의무화되어 있지 않은 ADR 제도

① 중재: 중재는 독일민사소송법 규정에 따라 당사자의 합의로 제3자에게 분쟁해결을 위한 판단을 맡기는 제도이다. 지속적인 경제활동을 하고 있는 기업에 있어서 대부분의 중재판정이 강제집행까지 갈 필요도 없이 당사자에 의해서 임의로 이행되는 측면에서 선호될 수 있으며, 특히 국제상거래에서 더욱 필요한 분쟁해결 절차라 할 수 있다. 그러나 일반 시민에게 있어서 중재는 흥미를 끌지 못하고 있는 것으로 여겨진다(Hanns Prütting, 1985: 264).

독일 중재법은 1877년에 제정된 이래 민사소송법 제10편에 규정되어 왔으며, 본질적인 개정이 없이 유지되어 왔다. 몇 번의 개정 중의 대표적인 예로는 1930년의 외국 중재판정의 집행선고에 관한 개정과, 1986년의 국제중재의 요청에 부응하여 중재판정의 형식적인 유효 요건의 완화를 한 개정 정도라고 할 수 있다(장문철 외, 1999: 57-61).

독일 중재법은 비교적 중재를 지원하는 입장에서 출발하였고, 엄격한 법률체계로부터의 자주성을 지지한 점에 특징이 있다(장문철, 2000: 206-207). 그러나 독일의 중재법은 국제중재 절차에 대해서는 거의 규정하는 바가 없었고 국제적 추세에 따라가지 못함으로써, 독일의 세계 경제적 위치에서 국제적 기준에 적합한 중재법의 개혁에 대한 필요성이 있었다. 이러한 요청은 국제기구의 중재법 제·개정 움직임과 스위스, 네덜란드, 오스트리아, 프랑스 등 유럽 각국의 대대적인 중재법 개정 동향, 1990년의 독일 통일과 함께 동독보다 뒤떨어진 서독의 중재법 현실에 대한 반성 등이 복합적으로 어우러져 이루어낸 중재법의 대개혁으로서 UNCITRAL 모델중재법을 대폭 수용한 1998년의 새로운 중재법이 탄생하게 되었다.

② 중개인제도: 중개인제도는 각 주의 법률이라 할 수 있는 중개인법에 의해 규제되고 있으며 베를린, 헤센, 니드작센, 노르트라인베스트팔렌, 라인란트팔츠, 자아르, 슈레스뷔히홀슈타인 등의 주에서 도입하였다. 중개인은 경미한 형사사건 외에 민사 분쟁을 취급하지만 1910년에는 연간 사건처리 수가 221,000건이었던 것이 1980년에는 3,000건으로 떨어졌고 그 중 민사사건은 고작 887 건이었다(Hanns Prütting, 1985: 264). 따라서 중개인제도는 사실상 그 기능을 상실하였다고 볼 수 있다.

③ 함부르크의 공공법률정보 및 화해소: 함부르크의 공공법률정보 및 화해소는 중개인제도가 없는 함부르크 주에서 그것과

외국 ADR, 득이 되면 수입하자

비슷한 역할을 하고 있는 것으로 경미한 형사사건과 민사사건에 대한 분쟁해결을 맡았다.

④ 상공회의소 및 수공업회의소의 조정: 상공회의소와 수공업회의소 또는 각종 동업조합에 설치되어 있는 조정소에서 조정이 이루어진다. 도르트문트, 뒤셀도르프, 아우쿠스부르크, 프랑크푸르트, 부레멘, 함부르크의 각 수공업회의소에는 상설의 건축조정소가 설치되어 활동하였다.

⑤ 노동관계 분쟁의 다양한 ADR: 직업훈련생과 지도자 사이의 분쟁에 대한 사전절차 규정, 종업원의 발명에 관한 법률에 의한 특허청에서의 중재소의 이용청구권 규정, 경영조직법에 의한 기업합의소 규정 등과 같이 노동관계 분쟁에서도 다양한 ADR 제도를 두었다.

⑥ 변호사회의 조정: 변호사회 내에 화해소를 두고 변호사끼리의 분쟁이나 회원인 변호사와 그 의뢰인과의 분쟁을 해결하게 하였다.

(2) 반드시 법률에 근거하지 않아도 설치할 수 있는 ADR 제도

독일에서 반드시 법률에 근거하지 않아도 설치할 수 있는 ADR 제도로는 각종 동업자조합 등에 의해 운영되고 있는 ADR을 들 수 있다. 자동차

수공업회의 중재소, 라디오·TV 관련 기술자의 중재소, 중고차판매업자의 중재소, 건축가회의소의 조정소, 각 주의 의사회의 조정소 등이 그 예이다. 한편 동업자조합에 의한 것이 아닌 ADR 제도로는 임대차조정소나 전자데이터 매체나 소프트웨어 등에 관한 분쟁을 해결하기 위한 ADR기구가 본의 독일상공의회와 상공회의소, 프랑크푸르트의 정보기술·법협회에 설치되어 있는 것 등을 예로 들 수 있다.

4. 독일에는 ADR 제도 발전의 장애요인이 있었다

독일의 ADR 제도는 그 수와 종류에 있어서 상당히 다양화되어 있다. 하지만 그 개별적인 제도가 그리 활발하게 이용되고 있는 것 같지는 않다. 과거에 독일의 ADR 제도가 활성화되지 않는 요인에 대해 三上威彦(2001: 69-71)는 다음과 같이 지적한 바 있다.

(1) 소멸시효, 제척기간 또는 제소기간으로 인한 문제

ADR에 의해 분쟁해결을 하려고 할 때 시효기간, 제척기간 또는 제소기간이 지나버리게 되면 실제적인 권리행사가 방해받게 될 수 있다는 우려가 있을 수 있다. 이에 대하여는 특히 단기소멸시효가 정해져 있는 권리에 대해 ADR을 이용하는 경우 더욱 중대한 문제가 될 것이다. 독일에서는 몇몇 실체법에서의 ADR에 대하여 시효중단 효력을 인정하고 있기도 하지

만, 제척기간과 제소기간에 대해서는 그러한 규정의 적용이 없기 때문에
당사자들이 ADR의 이용을 꺼릴 수 있다는 것이다.

(2) 소송비용부조의 문제

독일에서는 1981년에 소송비용부조법을 개정하여 권리의 행사에 따른
비용의 장해를 광범위하게 제거한 바 있다. 하지만 ADR은 그 대상에서
제외되어 있으므로 ADR을 발전시키기 위해서는 비용을 지불할 능력이
없는 자에 대해 공적인 비용부조가 가능하게 하여야 할 것이다.

(3) 중립인의 중립성 및 독립성 문제

독일에서 ADR이 활성화되지 않는 또 하나의 큰 이유는 독일의 법원에
의한 권리보호가 잘 되어 있고 그에 대한 법원의 기능이 잘 작동되고 있다
는 국민적인 신뢰에도 있다. 그에 비해 ADR에 대하여는 민사소송 절차에
비해 조정인 같은 중립인의 중립성과 독립성에 의문을 가지고 있고, ADR
절차의 비공개성도 문제 되고 있다. 예를 들면 의료과실에 관한 분쟁이 있
는 경우 ADR 제도를 설치하는 기관이 주(州)의 의사회라면 그 중립인의
중립성에 대한 의구심을 지우지 못하는 것과 같은 것이다.

프랑스는 독자적인 ADR 제도를 키워 왔다

프랑스의 ADR 제도는 다른 선진 외국과는 다른 독자적인 특성을 가지고 200년 이상 발달하여 왔다. 1980년대까지 프랑스에서는 사법절차가 너무 느리고, 비싸고, 복잡하다는 비판을 받아왔다. 이러한 상황에서 프랑스의 ADR 제도인 MARC(Modes Alternatifs de Règlement des Conflits)가 발전하기 시작하였다. 프랑스식 ADR인 MARC에는 합의권고, 화해, 조정, 중재 등을 포함하고 있는데, 1989년 1월 쟈크(Jacques Larché) 상원의원이 제출한 법률안, 1989년 4월의 정부제출 법률안 및 1995년 2월 8일의 법에 의하여 정립되기 시작하였다(원용수, 2004: 164-167).

이 가운데 ADR 제도를 규정한 가장 핵심적인 법이 1995년 2월 8일의 법으로 평가된다. 이 법은 82개 조문으로 구성되어 있는데, 사법적 화해 및 조정을 규정하고 있다. 또 소송 전 조정 내지 소송 중 조정 회부 및 그 절차 등을 규정하였다. 이것은 1996년 7월 22일 민사소송법전에 도입되었으며, 2012년에 이 법의 소정 부분을 다시 개정하였다. 1995년 2월 8일의 법 이후 1998년 12월 18일 법에서는 법률부조의 범위를 확대하고 일부 ADR에도 이를 적용한다는 취지의 규정을 신설하였다.

프랑스의 ADR은 조정이나 중재에 관한 독립적인 법률을 제정하는 대신 민사소송법에 화해, 조정, 중재에 관한 규정을 두는 방식으로 되어 있다. 또 프랑스의 ADR은 노동법과 가족법에서 특히 중요한 역할을 하고 있다. 프랑스 ADR 기관은 다수가 존재하는데, 가장 잘 알려진 것으로는 파리 상공회의소에 의하여 설립된 파리조정중재센터(CMAP: Centre de M'ediation et d'Arbitrage de Paris)이다. CMAP는 자체의 조정규칙을 가지고 있으며 시행령이 요구하는 자격을 가진 조정인 명부를 보유하고 있다. 또 국제적으로 명성을 가진 중재기관으로 국제상업회의소(ICC)의 국제중재법원(the International Court of Arbitration)이 있다.

1. 화해제도의 이용

프랑스의 ADR과 관련하여 conciliation과 médiation을 어떻게 해석할 것인가는 통일되어 있지 않다. 전자를 '조정' 후자를 '중개'라고 하는 입장이 있는가 하면, 각각 '조정'과 '알선' 또는 '화해'와 '조정'이라고 하는 경우도 있다. 여기에서는 원용수의 논문에 따라 conciliation과 médiation

을 각각 '화해'와 '조정'이라고 하고자 한다.

프랑스에서 화해(conciliation)는 1789년 프랑스 대혁명 시기에 처음으로 제도화되기 시작하였는데 그 당시 분쟁해결의 이상적인 방법으로 여겨졌다. 1790년 8월의 법은 처음으로 보통의 민사법원 관할에 속하는 모든 사안에 대하여 의무적 화해절차를 규정하였다. 이에 따라 직업적 법관이 아니고 형평의 원칙에 의해 판결하는 치안판사(juges de paix)가 관습상 화해를 예비적 분쟁해결의 차원에서 활용하였다. 그 후 민사판사에 대한 화해 의무 조항은 1906년의 프랑스 민사소송법에 처음으로 규정되었다(Emmanuel Gaillarda1 & Jenny Edelstein, 2001: 74).

그러나 20세기 초에는 이러한 의무적 화해제도가 쇠퇴하였고, 1940년 대와 1950년대에 프랑스 사법부에 대한 신뢰도가 증가함에 따라 법적 요 건으로서의 화해제도가 포기되었다. 하지만 실무적으로 화해는 사법부에 의하여 많이 이용되는 것이 현실이었다.

1970년대에는 재판 외의 화해(La conciliation extrajudiciaire)제도 를 옹호하는 움직임이 나타났는데, 사법부의 개입 없이 분쟁 당사자 간의 화해 시도를 법관이 아닌 사법화해인(conciliateurs judiciaires)이 감 독하게 하였다. 이러한 사법 외적 화해제도는 사법부의 우려에도 불구하 고, 단체협약, 지주와 임차인 간의 분쟁, 개인파산의 경우와 같이 특수한 형태의 화해가 제도화된 경우에 더욱 성공적으로 발전했다(B. Oppetit,

외국 ADR, 득이 되면 수입하자

1984: 312). 최근에는 화해제도의 사법적 성격을 강화하여 1995년 2월 8일의 법과 여러 관련 시행령에서 당사자 간의 예비적 화해를 시행할 제3자를 판사에게 선임 권한을 부여하기도 하였다.

프랑스에서 화해는 다수설에 따르면 재판 외의 화해, 재판상 화해 및 재판 관련 화해로 나누어진다(원용수, 2007: 104).

재판 외의 화해는 판사 또는 사법부와 전혀 관련이 없는 화해로서 절차의 형식에 따라 동의 화해 또는 특별 화해와 제도적 화해로 나누어진다. 동의 화해 또는 특별화해는 형식을 갖출 필요가 없이 당사자의 의사에 따라 자유로운 방식으로 이루어진다. 이에 비해 제도적 화해는 특정 기관에 의하여 제정된 화해 규정에 따라 이루어진다.

재판상 화해는 판사의 보호 속에 법원 심급의 범주 내에서 이루어지는 화해이다. 재판상 화해는 법원이 선임하는 자발적 화해인(conciliateur bénévole)에 의하여 진행될 수 있으며, 모든 심급의 법원에서 언제나 이루어질 수 있다.

재판관련 화해는 재판 외의 화해와 재판상 화해를 제외한 모든 화해로서 법원이 선임하는 화해인에 의하여 이루어지므로 법원과 간접적으로 관련성을 가지고 있다. 재판관련 화해는 관련 분야 전문가의 개입이 전제되는 제도적 화해의 특수한 형태에 해당한다.

화해의 효력과 관련하여, 판사에 의한 화해 절차에서 합의가 성립하여 당사자들이 서명한 화해조서는 집행권원이 되며, 사법화해인에 의한 화해 절차에서 합의가 성립하여 사법화해인이 작성한 합의서에 대해 판사가 승인하면 그 합의서도 집행권원이 된다(황승태·계인국, 2016: 206-207).

화해가 일반적으로 임의적 성격을 갖지만 의무적 화해제도는 일부의 재판 관할에서 유지되어 왔다. 예컨대, 노동법에 따라 노동법원에 제기된 분쟁에 대하여 예비적 단계로서 시행되는 화해나 민사소송법의 소액사건 법원에서의 화해는 필수적이다(원용수, 2007: 105). 또한 이혼이나 법정 별거가 불법 행위나 공동생활의 종결로 인하여 추구되는 경우에는 가정법원에서의 이혼이나 법정 별거 소송에서 예비적 화해가 의무적이다. 그리고 피고용인에 대한 보수의 압류를 포함하는 분쟁에서도 제1심법원에서 화해가 요구된다.

프랑스 ADR은 가족법의 영역에서 중요한 역할을 한다고 할 수 있는데 이혼 소송에서 화해는 많은 경우에 법정 소송에 앞서 필수적으로 이루어진다. 조정과 화해가 성공적으로 활용되는 기타 분야로는 소비자분쟁, 지주와 임차인 간의 분쟁, 이혼 또는 별거 시 부모의 방문권, 아이 양육분쟁 및 이웃 간 분쟁 등의 영역이다(G, Pluyette, 1994: 1098). 최근에는 상사 및 회사 분쟁에서도 화해의 장점을 인정하게 되었고, 1990년대에 들어서는 형사법 분야에서도 화해를 장려하게 되었다. 행정 분쟁의 경우 행정법원이 예비적 화해제도를 필수적인 것으로 하려는 시도에 강한 저항감을 보이지만 점차 그 이용이 빈번하게 이루어지고 있다(C. Jarrosson, 1999: 39).

외국 ADR, 득이 되면 수입하자

～～～～～～～～～～～～～～～～～～～～

프랑스에서 조정(médiation)은 오랜 세월 행해져 왔으나, 법으로 규율된 것은 1995년부터이다(X. Tarabeux, 1999: 42). 1995년의 법은 프랑스 법률상 처음으로 조정에 관한 규정을 두었다고 할 수 있다. 프랑스의 조정제도는 크게 둘로 나눌 수 있다. 하나는 우리의 민사조정과 비슷한 법원에 의한 조정(court-annexed mediation)이고, 다른 하나는 당사자가 자율적으로 할 수 있는 계약에 의한 조정(contractual mediation)이다(Katrin Deckert, 2012).

조정은 기본적으로 모든 분야에 관한 분쟁에 대하여 할 수 있지만, 판사의 보호 하에 법원의 심급의 범주 내에서 이루어지는 사법적 조정은 주로 민사·상사·가족·노동 분야에 국한되어 적용된다. 1995년의 법과 1996년 7월 22일의 관련 시행령에 의하면 사법적 조정은 선택적인 규정이고, 분쟁해결을 위해 당사자를 돕는 제3자인 조정인을 임명하는 데는 당사자의 동의가 필요하다(박노형 외, 2008: 29-30). 사법적 조정은 모든 심급의 법원에서 이루어질 수 있으며, 조정에 실패하면 재판 절차가 다시 진행되어 판결이 내려지게 된다. 파리 항소법원의 경우에 2000년 기준으로 사회 사건을 포함한 민사, 상사 재판 35,000개의 판결 중에서 185건만이 조정을 명령한 것으로 나타나고 있지만, 사법적 조정의 성공률은 50% 이상으로 비교적 높은 편이다.

법원 외에서의 조정에 대하여는 그것을 규율하는 일반적인 규정은 존재하지 않으나 민사소송법에 따르면 법원 밖에서 수행된 조정의 집행을 위해서 당사자는 고등법원의 재판장에게 집행영장을 청구할 수 있다. 법원 외의 절차로서의 조정은 가사분쟁, 보험 및 금융을 비롯한 상사분쟁에서 주로 활용되나 실제 분쟁 현장에서 법원 외의 조정은 그리 활성화되어 있지 않은 것으로 보인다.

민사소송법 외에 민법에도 2002년 3월 4일 법에 의하여 판사가 분쟁 당사자에게 조정인을 권유할 수 있게 하는 규정이 포함되게 되었고, 민법의 2004년 5월 26일 이혼 개혁 관련 규정의 통과로 가사전문 판사가 당사자의 동의가 있으면 조정인에게 사건을 회부해 주거나 당사자에게 조정인을 만나도록 권유할 수 있게 하였다(Nathalie Riomet, 2006).

2008년 5월 유럽 의회는 상사와 민사에 관한 조정지침을 발표하였다. 이 지침의 목적은 국경을 넘는 상사와 민사 분쟁을 해결하기 위하여 조정을 활성화하고 유럽 전역에 걸쳐 합의에 이른 조정의 적용과 집행에 있어 통일성을 기하기 위한 것이었다. 이러한 유럽조정지침의 영향으로 프랑스의 민사, 상사 등의 계약에 의한 조정제도의 운용에 상당한 변형을 가져왔으나 사법적 조정에는 크게 변화가 없었다고 한다.

(1) 민사조정제도

프랑스 법원에서의 조정은 민사소송법에 근거하고 있으며, 법원은 조정을 위해 상대편 당사자를 조정 절차에 부를 수 있다. 이 경우 당사자의 자발성을 중시하며 판사는 당사자의 의사에 반하여 사건을 조정에 회부할 수는 없다. 또 판사는 조정인을 선임할 권한을 갖지만 조정 절차에는 관여하지 않으며 당사자에게 조정안을 수락하도록 요구할 수는 없다(Laurent Jaeger: 3). 조정의 대상은 분쟁의 종류에 관계없이 될 수 있으며, 분쟁 전부를 조정의 대상으로 하거나 일부 쟁점에 대하여도 조정이 가능하다.

조정을 담당하는 조정인의 자격 요건은 민사소송법이 정하는 소극적 요건과 적극적 요건을 충족하여야 한다(박노형 외, 2008: 33-35). 소극적 요건으로는 형사벌을 받지 않아야 되고 행위무능력자나 자격상실의 대상이 된 적이 없어야 하며, 명예나 청렴 및 공서양속에 반하는 행동을 한 적이 없어야 한다. 적극적 요건으로는 조정에 필요한 합당한 훈련이나 경험을 갖추어야 하며, 조정을 수행하는 데 요구되는 독립성을 증명하기 위하여 조정실무 자격증을 구비해야 한다. 그런데 실제에 있어 조정인은 퇴직판사인 경우가 꽤 있는데, 일부 퇴직판사인 조정인은 조정에 대하여 경험과 이해 부족으로 권위적이거나 합의를 강요하는 경우도 있다고 한다.

조정 절차를 진행하는 중에 조정인은 당사자에 대하여 지시 권한을 갖지 않지만, 당사자의 동의를 얻어 자발적인 제3자의 증언을 들을 수 있다. 판사는 당사자의 요구가 있거나 조정인의 제의가 있으면 언제라도 조정을 중단시킬 수 있다. 사법조정에 의하여 분쟁이 합의에 이른 경우 판사는 당사자들에 의해 제출된 합의를 승인한다. 이때의 합의는 프랑스 민사법원에서의 ex parte proceedings라는 절차를 통하여 법원의 판결과 같은 효력을 갖는다.

조정 절차에서 수집된 정보에 대하여는 후속 절차를 비롯한 어느 경우에도 인용되거나 공표되어서는 안 되며, 조정인은 조정의 합의 여부만을 판사에게 통보할 수 있고, 조정 절차에서 알게 된 정보는 보고하지 않는다. 프랑스 최고 법원은 조정의 이행이 출소기간 규정의 적용을 정지시킨다고 결정함으로써 조정이 실패한 경우에도 후속적인 법적 소송을 제기하는데 장애가 되지 않도록 하고 있다.

(2) 상사조정제도

상사조정은 민사조정처럼 민사소송법의 적용을 받는다. 상사조정은 법원 밖에서 할 수도 있고 법원에서 소송을 진행하다가 판사의 감독하에 시행될 수도 있다. 이 경우 판사는 공정하고 독립적인 제3자를 조정인으로 임명한다. 조정 절차는 3개월을 초과해서는 안 되며, 조정인에 대한 보수는 판사가 정하는 금액을 당사자가 부담하고 분쟁의 당사자는 절차를 진행시키기 전에 예비금을 납부하여야 한다(박노형 외, 2008: 38). 프랑스에서는 상사 분야에서 분쟁이 발생하였을 경우 조정을 이용하여 신속하면서도 우호적으로 해결하기 위하여 2005년 11월 22일에 45개의 주요 기업들이 재정부의 후원하에 조정헌장(Charte de mediation Inter-entreprises pour le Règlement des Conflits Commerciaux)을 채택한 바 있다.

외국 ADR, 득이 되면 수입하자

상시조정을 수행하는 주요 기관은 파리 상공회의소에 의해 1995년에 설립된 파리조정중재센터(CMAP)인데 연간 약 250건 내외의 상사조정을 처리하는 것으로 알려지고 있다. 파리상사법원이 매년 6만-8만 건의 소송을 처리하는 것에 비하면 파리조정중재센터의 상사조정 사건처리 수는 미약하지만, CMAP의 조정 성공률이 70%에 이른다고 하며 조정에 걸리는 기간은 보통 2-3개월로 길어야 6개월 이내에 종결된다. 또 CMAP는 그 자체의 조정규칙을 보유하고 시행령이 요구하는 자격을 가진 조정인 명부를 유지하고 있어 전문적인 상사조정 수행기관으로서의 명성이 있다고 할 수 있다(Laurent Jaeger: 1). 프랑스 상사조정의 이용이 빠르게 증가하고 있지만 아직도 상대적으로 조정 처리 수가 적은 것은 프랑스에서 조정이라는 것이 비교적 최근에 도입되었고 아직은 전통적인 상사법원을 통한 분쟁해결을 선호하기 때문이다. 하지만 최근에 재무부나 법무부 같은 프랑스 정부가 조정을 적극적으로 지원하며 장려하고 있는 점은 프랑스 조정의 발전 가능성을 더해주고 있는 대목이라 할 수 있다.

3. 중재제도의 점진적 개혁

Craig에 의하면 국적이 다른 상인 간의 분쟁에 대한 중재는 최근에 발전된 것이 아니다. 로마법에서 이미 중재인 제도를 두고 있었고, 상인들 사이의 분쟁해결제도는 상업 자체의 역사와 함께 오랫동안 궤를 같이했다고 할 수 있다(W. Lawrence Craig, 1995: 5). 중재제도는 중세에 유럽 상인들에 의해서도 널리 사용되었다. 중세 시대 상인들이 다른 상인들과 상거래를 하는 곳에 시장이 형성되었는데, 특정한 시장에서 오래 머물 수 없기 때문에 상거래에서 불가피하게 발생하는 분쟁을 빨리 해결해야 시장을 빨리 떠날 수 있고, 상인들 사이의 관계도 원활하게 하기 위한 분쟁해결 방안으로 중재제도가 발전하게 되었다(원용수, 2007:. 108-109). 따라서 중재는 그 연원을 국제상사분쟁 해결에서 찾을 수 있다고 할 수 있다. 중세의 상인단체가 국경을 넘나드는 상사분쟁을 해결할 수 있는 신속하고 공정한 방법으로서 중재를 발전시켜 온 것이다. 이 중재(arbitrage)제도가 프랑스에 정착하게 되었으며, 프랑스에는 파리의 국제상업회의소(Chambre Internationale de Commerce)가 국제적인 표준과 조화를 유지시키면서 중재제도를 발전시켜 나가고 있다.

　프랑스의 중재를 규율하는 법령은 민사소송법이 중심이며, 보충적으로 민법과 법원조직법 등이 있다. 프랑스는 중재가 중세부터 상사분쟁의 해결수단으로 상당히 발전해오다가, 프랑스 혁명 당시에는 법치주의와 혁명정부의 권한을 위협한다는 견제를 받기도 했다(조희경, 2014: 271-277). 그 후 프랑스 현대법의 근원이라는 평가를 받는 과거 나폴레옹 법전에서 1806년의 민사소송법과 1807년의 상법이 제한된 범위의 중재를 허용하였다. 당시에는 해운보험이나 상사분쟁에 대해서만 중재를 할 수가 있었으며, 대부분의 경우에 장래 분쟁에 대한 중재합의는 무효라고 하였으며 이미 발생된 분쟁의 중재에 대해서만 제한적으로 유효성을 인정하였다(https://eguides.cmslegal.com/pdf/arbitration_volume_I/ CMS%20GtA_Vol%20I_FRANCE.pdf). 그 후로도 프랑스의 근대 중재 제도는 중재에 대해 비우호적인 경향을 지속하였다. 그러다가 1980년과 1981년에는 민사소송법(CPC)에 전향적인 중재 조항들을 도입하는 개혁적 인 칙령이 통과되었는데, 하나는 국내중재와 관련된 Decree No 80-354 이고 다른 하나는 국제중재와 관련된 Decree No 81-500이다. 이 두 칙 령의 주요 목표는 당사자의 자치권을 확대하고, 중재절차에서 법원의 간섭 을 제한하고자 함에 있었다.

2001년에는 국내 중재합의와 관련된 민법의 조문을 개정하여 그동안 상 사 문제에대해서만 중재가능성(arbitrability)을 인정하던 제한을 제거하 고 전문적 업무에 관련된 계약을 체결하는 경우에도 인정하였다. 그로부 터 10년 후인 2011년에는 중재제도의 효율성을 높이고 프랑스 중재제도가 국제거래 당사자들에게 더 매력적인 것으로 느껴지도록 최신의 판례적 발 전들을 반영하여 개정하였다. 또 중재에서 법원의 역할을 재정립하고, 중 재판정에 대한 사법적 심사절차를 간소화하는 등의 개혁을 단행하였다. 2011년의 새로운 칙령은 국내중재와 국제중재를 구별하는 프랑스 중재법 의 이원적 특성을 유지하되, 지원판사 제도를 도입하여 법원이 중재절차를 적절하게 지원해줄 수 있는 점이 두드러진다. 또 국제중재에 있어서 광범 위한 법원의 관할권을 인정할 뿐만 아니라 형식에서도 서면성을 완화하여 가장 진취적이고 중재친화적인 법을 지향하는 것으로 여겨진다.

프랑스에서는 화해와 조정의 시도가 잘되지 않으면 당사자들은 자신들의 분쟁을 중재에 회부할 수 있다는 규정을 두는 포괄적인 분쟁해결 협약을 이용하는 경우가 흔하다. 하지만 그러한 조항이 항상 잘 활용되는 것은 아니며 가끔 중재, 화해 또는 조정이 혼동된다고 한다(원용수, 2007: 108-109). 그러한 경우에 명확하지 않은 분쟁해결 조항에 관하여 프랑스 법원은 당사자의 의향을 존중하여 결정한다. 일반적으로 프랑스 법원은 화해는 중재인의 임무에 포함되어 있는 것으로 생각한다. 1984년에 파리 고등법원은 재판상 화해를 수반하는 화해는 중재의 자연스러운 결과라고 판결한 바 있다.

제3의 중립인이 계속하여 화해인과 중재인의 역할을 하는 경우에 프랑스 법에서는 양자의 연속성에 대하여 명백히 금지하는 규정은 없다. 그럼에도 불구하고 프랑스 상사조정기관인 CMAP의 조정규칙은 조정인에게 계속해서 중재인의 역할을 하는 것을 금지하고 있다. 또 민사소송법은 화해 또는 조정 시도 기간에 계속적인 재판절차에서 취한 입장에 대하여 조회하는 것을 금지하고 있다. CMAP를 포함한 대부분의 조정기관 또는 화해기관들은 그와 유사한 제한을 두고 있다.

프랑스의 주요 중재기구로는 국제상업회의소(the International Chamber of Commerce)의 한 기관으로서 1923년에 설립되어 국제중재기관으로서 최고의 역사와 명성을 자랑하는 국제중재법원(ICC International Court of Arbitration)을 비롯하여, 프랑스중재협회(French Arbitration

　　　　　　　　　　　　　外국 ADR, 득이 되면 수입하자

Association), 프랑스중재위원회(French Commission on Arbitration), 파리국제중재단(International Arbitration Chamber of Paris), 파리해사중재단(Paris Maritime Arbitration Chamber) 등이 있다.

제2장

아시아의 ADR 제도는 어느 정도인가?

일본은 ADR 제도를
매우 발전시키고 싶어 한다

　일본에서는 법원을 비롯하여 행정기관이나 민간 부문에서 다양한 형태의 ADR이 존재하고 있다. 그런데 일본에서는 법원 조정 등은 많이 이용되고 있으나 민간 사업자가 실시하는 ADR은 일부를 제외하고 그 역할을 제대로 하지 못하고 있어 국민들의 일상생활 속에 민간형 ADR이 뿌리를 내리지 못하고 있는 점에서는 우리나라와 유사한 측면이 있다. 일본 ADR의 특색은 국가가 법원이라는 틀 안에서 예산과 정보를 이용하고 전문가를 활용하여 저렴한 수수료로 실효성 있는 조정 서비스를 제공하고 있는 점에서 찾을 수 있다. 또 일본의 행정형 ADR은 그동안 꾸준히 발전하여 왔다. 그에 비해 민간형 ADR은 교통사고와 같이 한정된 분야에서는 상당한 성과를 올리고 있고 변호사회의 중재센터, 공업소유권중재센터 등 민간형 ADR 기관이 등장해 왔지만, 오늘날의 다양한 분쟁에 대해서 충분한 대응을 하고 있다고 할 수는 없다.

　　　　　　　　　　　　　　　외국 ADR, 득이 되면 수입하자

한기현(2004: 102 107)은 일본에서 ADR의 발전과정을 3기로 나누었다. 제1기는 전후부터 1970년대까지 가사심판법·민사조정법이 성립하고 독립 행정위원회 등 행정형ADR(노동위원회 및 건설공사분쟁심사회 등)이 설치·개시된 시기로 본다. 이 시기는 ADR이 사법제도 상의 완충재로서 계몽적 사법정책과 전통적 윤리관에 기초하는 융화적인 조정이라는 2중 구조에서 조정자는 분쟁당사자를 지도하는 역할을 수행하는 교화형 조정으로 본다.

제2기는 1974년의 민사조정법 개정 전후부터 1980년대 말까지의 ADR 의 법화, 전문가화와 정형화의 시대로 나눈다. 이는 민사조정에서의 조정 을 변호사나 기타 분쟁해결에 전문적 지식과 경험을 가지고 있는 전문가 에 의한 판단형 조정을 지향하는 것으로 본다. 또한 이 시기에는 공해문 제, 소비자문제 같은 새로운 분쟁에 대하여 관할행정청이 전문가를 활용 한 ADR을 통해 행정적 구제(공해등조정위원회나 지방자치단체의 소비자 창구 등)를 확대하기 시작하였다. 따라서 ADR이 행정에서도 정책추진의 유효한 수단으로 이용되기 시작한 시기이다.

제3기는 1990년의 변호사회중재센터 설립 시기부터 ADR의 독자적 기 능·역할이 모색되기 시작한 시기이다. 이 시기에는 일본 사회의 법화의 진 전에 수반하여 과거의 교화형, 구제형 ADR에 대한 비판도 나오게 되었다. 절차 주재자가 재단적 조정을 통하여 합의를 강제한다든가, 반대로 절차 주재자의 소극적 조정으로 절차가 비효율로 흐른다든가, 절차 주재자의 중 립성 문제나 절차의 불투명성으로 인한 제도의 불신, 분쟁처리의 획일화 등에 대한 비판이다. 이 시기는 당사자와 절차 주재자 간의 수평관계에 가치를 두고 당사자 간의 교섭과 자율성을 중시하는 대화형 조정 모델로 본다. ADR의 독자적 기능으로서 법 이외의 전문적 지식의 활용을 강조한 것도 이 시기의 특징이다.

그 외에 추가로 제4기를 예측하고 있다. 이는 ADR기본법을 제정한 후의 시기로서 재판절차를 포함한 여러 가지 다양한 분쟁해결 절차가 총체적으로 사법기능과 연결되고, ADR의 법률상, 사실상 제도화의 진전과 함께 각 기관의 네트워크화에 의해 분쟁의 이종 혼합적 해결이 모색되는 단계로 본다.

1. 일본 사법형 ADR은 어떨까?

(1) 사법형 ADR의 개요

일본 법원에서 시행되는 ADR에는 민사조정과 가사조정을 들 수 있고, 우리나라와 같이 소송상의 화해와 제소 전 화해가 있다. 일본에서 조정제도의 시작은 1922년에 시행된 차지차가조정법으로부터 시작되었으며, 그 후 소작조정법, 상사조정법 및 노동쟁의조정법과 1932년 금전채무임시조정법, 1939년 인사조정법, 1940년에 광업법의 개정법에서 광해배상조정이 시행되는 등 개별 법률에 기하여 조정제도가 발달해 왔다. 제2차 세계대전 후 1948년에 가사심판법이 시행되어 현행의 가사조정제도가 시작되었고, 1951년에는 노동생의조정과 가사조정을 제외한 긱종 조정법을 정리 통합한 민사조정법이 제정되어 현재의 민사조정제도가 정립되었다(小島武司·伊藤眞, 1998: 68).

일본의 조정제도는 2차 대전 이전에는 크게 주목을 받지 못하다가 동경을 강타한 대지진으로 집주인과 세입자 사이의 분쟁이 급증하게 되고, 이때 활용된 조정제도가 정식 재판보다 더 신속하고 접근성이 용이하다는 것을 깨달은 분쟁 당사자들이 선호하게 되었다고 한다(Aya Yamada, 2009: 5). 조정이 이렇게 인기를 끌면서 연이어 소작, 상사, 금전채무 등에 조정이 도입되어 갔던 것이다. 당시 조정의 증가는 통계적으로도 알 수가 있는바, 일본 전역에 걸쳐 법원에서의 조정 신청이 1928년에 15,224건에서 1935년에는 113,270건으로 7배가 넘게 증가하였는데 비하여, 소송은 지방법원의 경우 1928년에 22,041건에서 1935년에는 20,150건으로 오히려 감소하였다.

일본의 민사소송법상 재판상 화해가 인정되는데, 당사자가 미리 법원이 제시하는 화해 조항을 수락한다는 취지의 서면을 제출하고 상대방이 변론 기일에 출석하여 법원이 제시한 화해 조항을 수락하는 때에 화해가 성립한다. 제소 전 화해 신청은 간이재판소에 하는데 제소 전 화해 기일에 당사자 일방이 출석하지 않은 경우 법원은 화해가 성립하지 않은 것으로 간주할 수 있다(양경승, 2010: 46-50). 화해조서는 확정판결과 동일한 효력이 있다.

한편 일본의 사법형 ADR 중 특이한 것으로 일본 경제의 장기불황으로 채무변제에 대한 조정의 필요성과 유용성이 높아짐에 따라 지급불능의 우려가 있는 채무자 등의 경제적 회생을 위해 금전채무의 조정을 촉진하기 위한 것으로서 '특정채무 등의 조정 촉진을 위한 특정조정에 관한 법률'이 있다. 이 법률은 민사조정법의 특례로서 1999년 제정되어 2000년부터 시행되었으며, 이 특정조정제도는 법원의 조정을 통해 채무액을 탕감하거나 변제기를 유예하여 줌으로써 채무자 갱생에 도움을 준다.

(2) 민사조정제도

일본 법원 내에서 시행되는 민사조정의 대체적인 내용은 우리나라의 민사조정과 비슷한 상황이다. 제소 전 조정과 소송 중의 조정이 모두 인정되고, 조정은 조정담당판사, 조정관, 조정위원회, 수소법원이 하며 조정기관은 조정에 갈음하는 결정을 내릴 수 있고 조정의 성립으로 조정조서가 작성되면 재판상 화해와 동일한 효력이 인정되는 것 등이다. 특히 일본은 2004년 이래 민사조정관(가사조정 사건의 경우에는 가사조정관) 제도를 운영하고 있는데, 이는 변호사 5년 이상의 경력자 중에서 최고재판소가 임명하고 임기 2년으로 비상근으로 일한다. 우리나라의 상임조정위원과 비슷하나 비상근인 점에 차이가 있으며, 2013년을 12월을 기준으로 일본 전체에 민사조정관 74명, 가사조정관 45명이 임명되어 있다(황승태·계인국, 2016: 218-226). 2015년 4월 기준으로 민사조정위원의 수는 10,301명이며 그 구성은 변호사를 비롯하여 공인회계사, 세무사, 건축사, 부동산 감정사 등 전문직업인을 중심으로 하는 다양한 직업군이 분포되어 있다 (http://choutei.jp/about/chouteiiin/index.html).

일본에서는 수소법원에서 직접 조정하는 경우는 매우 적고 사건을 조정 전담부에 보내 처리하는데, 실무상 수소법원은 쟁점정리가 모두 끝난 후에 조정 절차에 회부하나 증거조사가 끝났을 경우에는 민사소송법에 따라 이를 조정에 회부하지 아니한다고 한다. 또 일본은 1991년 민사조정법의 개정을 통하여 지대 또는 토지나 건물의 차임 증감 청구와 같은 일부 사건에 대해서는 조정전치주의를 채택하고 있다. 그런데 이는 지료나 차임을 대상으로 하는 전반에 관한 조정전치가 아니고, 경제 사정 등의 변동에 따른 지료나 차임의 증감이라는 매우 한정적인 분야에 국한하는 것으로서 조정을 촉진하기 위해 특별히 규정된 것이라기보다는 민사조정법 개정 이전부터 부동산감정사 등 전문지식을 가진 조정위원을 통하여 조정전치를 하던 실무상의 관행을 입법에 반영한 측면이 있음을 유의하여야 한다.

조정 사건에 관한 통계를 보면, 2010년도 기준으로 제1심 소송 수리 건수 839,494건 중에서 민사조정 신청은 87,808건이었고 가사조정의 경우는 140,557건으로, 민사조정은 일반소송의 약 10%에 달해 과거보다 줄어들고 있는 반면 가사조정 비율은 늘어나는 추세에 있다(이마다 겐타로, 2012: 174). 일본 최고재판소 사법통계 자료에 근거해 최근 제1심 민사소송 및 민사조정 사건의 접수 추이(표 6)를 매 3년의 간격을 두고 분석해 보면, 소송은 2008년에서 2011년 사이에 가장 많은 접수 추이를 보이다가 2012년에서 2014년으로 가면서 다시 감소하고 있고, 조정은 2002년까지 두 자리 숫자의 증가세를 보이다가 2005년을 지나면서 급격하게 사건 접수가 감소하고 있음을 알 수 있다. 소송 사건 접수 대비 조정사건 접수 비율을 보면, 조정 사건 접수가 꾸준히 증가하여 2002년도 근처에서는 소송 사건 접수보다 조정 사건 접수 건수가 오히려 많을 정도로 조정이 활발하였으나, 2005년도 이후 급격하게 감소하여 2014년도에는 소송 대비 조정비율이 10%에도 미치지 못하였다.

〈표 6〉 제1심 민사소송 및 민사조정 사건의 접수 추이

연도		1996	1999	2002	2005	2008	2011	2014
소송	건수	409,369	464,496	479,999	512,972	773,244	737,267	473,883
	증가율	9.8	13.5	3.3	6.9	50.7	−4.7	−35.7
조정	건수	165,099	263,498	489,948	322,982	150,158	74,891	43,855
	증가율	46.3	59.6	85.9	−34.1	−53.5	−50.1	−41.4
소송 대비 조정비율(%)		40.3	56.7	102.1	63.0	19.4	10.2	9.3

※ 황승태·계인국(2016: 233-234) 참조하여 재구성

그런데 최근 6년간 간이재판소 조정사건 처리 내역에 관한 통계를 보면, '조정 성립'과 '조정에 갈음하는 결정'을 조정 해결로 볼 때 〈표 7〉과 같이 민사조정의 경우에는 50-60%대의 해결률을 유지하고 있고, 특정조정의 경우에는 민사조정의 경우보다 높아서 60-80%의 해결률을 유지하고 있다. 다만 2010년대에 들어서서 최근으로 올수록 둘 다 해결률이 떨어지는 공통된 현상을 보임을 알 수 있다.

<h3 align="center">〈표 7〉 최근 6년간 간이재판소 조정 사건 처리 내역</h3>

연도	구분	합계	해결			조정 불성립	취하	조정하지 아니하는 경우
			조정 성립	조정 같음 결정	해결률			
2009	민사조정	48,795	16,331 (33.46)	11,791 (24.16)	57.62	13,707 (28.09)	6,547 (13.41)	174 (0.35)
	특정조정	60,984	810 (1.32)	48,129 (78.92)	80.24	936 (1.53)	10,338 (16.95)	719 (1.17)
2010	민사조정	51,425	15,932 (30.98)	14,947 (29.06)	60.04	13,653 (26.54)	6,156 (11.97)	221 (0.42)
	특정조정	31,115	518 (1.66)	23,821 (76.55)	78.21	512 (1.64)	5,720 (18.38)	490 (1.57)
2011	민사조정	52,814	18,209 (34.47)	14,639 (27.71)	62.18	13,244 (25.07)	5,352 (10.13)	320 (0.60)
	특정조정	13,458	329 (2.44)	9,731 (72.30)	74.74	339 (2.51)	2,805 (20.84)	238 (1.76)
2012	민사조정	43,915	14,931 (33.99)	9,836 (22.39)	56.38	13,228 (30.12)	5,026 (11.44)	178 (0.40)
	특정조정	6,217	167 (2.6)	4,145 (66.67)	69.27	253 (4.06)	1,534 (24.67)	106 (1.70)
2013	민사조정	38,829	13,494 (34.75)	7,345 (18.91)	53.66	11,961 (30.80)	5,311 (13.67)	159 (0.40)
	특정조정	3,843	178 (4.63)	2,345 (61.02)	65.65	173 (4.50)	1,037 (26.98)	99 (2.57)
2014	민사조정	37,252	12,917 (34.67)	6,260 (16.80)	51.47	11,179 (30.00)	6,165 (16.54)	145 (0.38)
	특정조정	3,406	183 (5.37)	1,925 (56.51)	61.88	280 (8.22)	963 (28.27)	51 (1.49)

※ 황승태·계인국(2016: 238-239) 참조하여 재구성

(3) 노동심판제도

일본은 사법개혁의 일환으로 2004년에 노동심판법을 제정하여 노동사건을 법원에서 조정과 심판을 통하여 처리하는 특이한 제도를 두고 있다(황승태·계인국, 2016:. 243-248). 여기에서 노동사건이란 노동자와 사업주와의 사이에 개별적인 노동관계에서 발생하는 민사 분쟁을 의미한다. 노동심판

은 지방재판소에서 관할하는데, 노동심판위원회는 재판관인 심판관 1인과 재판관 아닌 노동심판원 2인으로 구성한다. 재판관이 아닌 노동심판원은 노동 분야의 전문적인 지식과 경험을 가진 68세 미만의 인사로 임명한다. 2014년 6월 기준으로 1,475명의 노동심판원을 확보하고 있다. 노동심판위원회는 노동관계의 민사 분쟁에 대해 먼저 조정을 시도하고 조정이 성립되지 않으면 노동심판을 한다. 조정이 성립되면 민사조정법이 준용되어 조서에 기재된 합의는 재판상 화해와 같은 효력을 갖는다. 조정이 성립되지 않으면 노동심판을 하는데 이에 대해서는 2주 이내에 이의신청을 할 수 있고, 이의신청에 의해 심판은 효력이 상실되지만 이의신청이 없으면재판상 화해와 같은 효력이 발생한다. 한편 이의신청이 있으면 노동심판을 신청한 때에 소가 제기된 것으로 간주된다. 2006년 노동심판법이 시행된 이래 노동심판 사건 수가 증가하여 노동관계 소송보다 많은 사건이 접수되고 있지만, 노동심판제도가 활성화된다고 해서 노동관계 소송이 줄지는 않는다고 한다.

2. 일본은 행정형 ADR을 다양하게 이용한다

일본의 행정형 ADR은 2차 대전 이후 1940년대 후반에 미국법의 영향을 받아 불공정한 노동 관행과 노동 관련 분쟁의 해결을 위해 ADR을 이용한 것에서 시작되었다(Aya Yamada, 2009: 8-11). 1960년대는 환경·소비자·공공 소란 등과 같은 사회적 문제 해결을 위해 ADR이 활용되었다.

　　　　　　　　　　　　　외국 ADR, 득이 되면 수입하자

일본에는 많은 행정기관들이 자신의 업무와 관련된 분쟁의 해결을 위해 ADR 제도를 유지하고 있는데, 행정형 ADR은 그 시행과정에서 행정기관에 필요한 정보를 제공해주는 역할을 하고 있다고 한다. 야마다(Yamada)에 의하면, 행정형 ADR은 민간형에 비해 가해자인 기업이 소비자에게 보다 성실하게 분쟁해결에 임할 수 있게 감시하는 역할을 함으로써 소비자를 보호하는 효과가 크고, 규제 대상도 어느 정도의 규제가 필요한가를 판단할 때 기업이나 산업에 대한 정보를 획득하기가 수월하다는 것이다. 또한 사법절차에 비해 행정형은 무료이거나 저비용인 경우가 많다는 것도 장점이다. 결국 일본의 행정형 ADR은 독립성이 인정되고 신뢰가 높으며 분쟁해결의 비용을 절감할 수 있는 유효한 방안으로 자리매김하고 있다.

행정형 ADR은 인사원, 특허청, 해난심판청과 같은 행정기관을 비롯하여 각 개별법에 근거해 설립된 분쟁조정을 위한 위원회가 설치되어 운영된다. ADR을 시행하는 대표적인 분쟁해결기구로는 공해분쟁처리법에 의해 환경분쟁을 해결하기 위해 설립된 공해등조정위원회를 비롯하여 전파감리심의회, 공정거래위원회, 중앙 및 지방 노동위원회, 증권거래등감시위원회 등이 있다.

노동위원회는 우리나라와 같이 행정위원회의 성격을 가지며, 공익·사용자·노동자를 각각 대표하는 동수의 위원으로 구성되어 노동조합과 사용자와의 사이에 발생하는 노동쟁의와 부당노동행위사건에 대한 조정을 맡는다. 건설업법에 의하여 건설 분쟁에 대해 알선·조정·중재를 실시하는 건설공사분쟁심사회는 건설부에 설치되어 있는 중앙건설공사분쟁심사회와 도도부현에 설치되어 있는 도도부현건설공사분쟁심사회가 있다(최병록, 2000: 327-328). 건설공사의 도급에 관한 분쟁은 그 내용이 기술적인 사항을 많이 포함하고 있고, 도급계약에 관한 다양한 관행이 존재한다는 점에서 해결이 어려운 경우가 많은데, 공사완성인도청구, 하자보수청구, 미지불된 공사대금청구 등에서 ADR을 이용하여 분쟁해결을 시행한다.

한편 우리의 소비자분쟁조정위원회처럼 소비자 피해를 구제하고 소비자 분쟁을 해결하기 위하여 국민생활센터법에 근거하여 설립된 국민생활센터가 있다. 이는 1970년에 내각부 관할의 특수법인으로 출발하였다가 독립행정법인이 된 행정형 분쟁해결기관으로서, 소비자 불만 상담에서 개별 사건의 분쟁처리뿐만 아니라 상품테스트를 통한 소비자 피해의 확대 방지 및 분쟁의 사전 예방 활동과 소비생활을 위한 교육연수 및 자격제도 운용 등의 다양한 기능을 수행하고 있다.

2008년에는 국민생활센터법을 개정하여 분쟁해결위원회를 설치하고 새로운 소비자분쟁해결제도를 시행하였다(고형석, 2009: 5-19). 그 주요 내용으로는 중요 소비자분쟁에 대하여 '화해의 중개'와 '중재'를 실시하여 분쟁을 처리하는 것이다. 여기에서 중요 소비자분쟁이란 동종의 피해가 다수자에게 발생하거나, 국민의 생명·신체 또는 재산에 중대한 위해를 발생시킬 우려가 있는 사건, 기타 사건이 복잡하거나 그 외의 사정으로 인하여 분쟁해결위원회의 해결절차에 의하여 처리하는 것이 적당하다고 인정되는 소비자분쟁으로서 국민생활센터가 지정하는 것을 말한다.

외국 ADR, 득이 되면 수입하자

'화해의 중개'는 중요 소비자분쟁에 대히여 중개위원이 당사자 사이의 교섭을 중개하고, 화해를 통해 분쟁의 해결을 도모한다. 중요 소비자분쟁의 당사자 쌍방 또는 일방은 위원회에 서면으로 화해의 중개를 신청할 수 있다. 중개는 1인 또는 2인 이상의 중개위원이 실시한다. 중개위원은 화해안을 작성하고 당사자에 대하여 그 수락을 권고할 수 있다. 화해의 중개와 관련하여 시효의 중단, 소송절차의 중지 규정을 두고 있다.

한편 '중재'는 중요 소비자분쟁의 쌍방 또는 일방 당사자가 중재위원회에 서면으로 청구할 수 있다. 일방 당사자가 중재를 청구할 경우 중재에 의하여 분쟁을 해결한다는 합의가 존재하여야 한다. 중재는 1인 또는 2인 이상의 중재위원이 실시하고, 중재위원은 중재법상의 중재인으로 본다.

위의 두 가지 분쟁해결 절차는 모두 비공개로 실시되고, 비용은 무료이지만 통신료, 교통비 등은 각 당사자가 부담하여야 한다. 그 외 소비자분쟁에 관하여 재판 외 분쟁해결절차를 실시하는 국가기관, 지방자치단체 및 민간사업자와의 협력과 제휴를 도모함으로써 분쟁의 실정에 적합하고 신속한 해결이 이루어질 수 있도록 하고 있다.

일본은 사법개혁을 추진하기 위해 1999년에 사법제도개혁심의회를 설치하고 2001년에는 내각에 사법제도개혁 추진본부를 설치한 후 그 사무국에 ADR검토회를 둔 바 있다. 그때 ADR검토회가 배포한 자료에 의하면 일본의 주요 행정형 ADR 기관은 〈표 8〉과 같다(http://www.kantei.

go.jp/jp/singi/sihou/kentoukai/adr/dai1/1siryou_list.html).

〈표 8〉 일본의 주요 행정형 ADR 기관

• 공해등조정위원회 • 중앙노동위원회 • 선원노동위원회 • 중앙건설공사분쟁심사회 • 공정거래위원회 • 인사원 • 특허청 • 해난심판청 • 전파감리심의회 • 국세불복심판소 • 증권거래등감시위원회 • 총무성관구행정감찰국 (예 : 관동관구 행정감찰국) • 법무국인권옹호부 (예 : 동경법무국 인권옹호부) • 국민생활센터 (소비자고충처리전문위원회)	• 공해심사회 (예 : 동경도공해심사회) • 지방노동위원회 (예 : 동경도지방노동위원회) • 인사위원회 (예 : 동경도인사위원회) • 건설공사분쟁심사회 (예 : 동경도건설공사분쟁심사회) • 동경도도시계획국건설지도부 건축분쟁조정위원회 및 건축분쟁조정실 • 수용위원회 (예 : 동경도수용위원회) • 개발심사회 (예 : 동경도개발심사회) • 소비생활센터등 (예 : 동경도소비생활종합센터) • 소비자피해구제위원회 (예 : 동경도소비자피해구제위원회) • 고충처리위원회등 (예 : 도도부현, 정령시의 고정처리위원회등)

일본의 행정형 ADR의 특징에 대하여 정정화(2012: 9-10)는 다음과 같이 소개하고 있다.

첫째, 당사자의 자율성과 관련하여 공해등조정위원회의 예를 들면서, 이는 공해에 관한 피해에 대한 민사상의 분쟁을 알선·조정·중재 및 재정을 통해

　　　　　　　　　　　　　　　　外國 ADR, 득이 되면 수입하자

해결하는데 알선이나 조정에 앞서 초기 단계인 진정을 통해 대부분의 분쟁을 해결하고 있다. 진정에서 해결되지 못하는 경우에도 대부분 조정 단계에서 타결되고 재정으로 넘어가는 비율이 16%에 지나지 않아 우리나라의 환경 분쟁에서 90% 이상이 재정을 통해 해결되는 것과 차이를 보인다. 하지만 당사자에게 조정위원 선임권을 부여하지 않고 있어 당사자의 자율성이 높지 않다. 또한 국민생활센터의 경우에도 조정 절차에서 중개위원이 인정하는 경우에만 당사자의 참여를 허용하고 있는 것 등을 종합적으로 감안하면 일본의 행정형 ADR은 당사자의 자율성이 높게 보장되는 편은 아니라는 것이다.

둘째, 조정인의 중립성 확보와 관련하여 국민생활센터의 경우 위원에 관한 정보공개와 함께 당사자에게 선임된 위원의 성명을 즉시 통지하도록 하고 위원에 대한 기피제도를 두고 있으며, 공해등조정위원회의 위원의 경우에는 5년 임기 보장에 독립적이고 준사법적인 지위를 주는 등 일본의 행정형 ADR에서 조정인의 중립성을 보장하고 있음을 설명하고 있다. 그렇지만 우리나라의 경우 위원의 자격 요건을 법령에 상세히 열거하고 있음에 비하여 일본의 경우에는 '인격이 고결하고 식견이 높은 자'와 같이 자격 요건에 구체성이 결여되었음을 지적하였다.

셋째, 조정인의 전문성과 관련하여 국민생활센터를 예로 들면서 위원의 법률적 지식이나 상품 등의 거래에 대한 전문지식이 있을 것을 요구하고 있지만, 위원의 전문성 강화를 위한 교육 프로그램이나 사후 평가 등에 대해서는 취약하다는 점을 지적하였다.

넷째, 행정형 ADR의 경우 대개는 알선이나 조정은 민법상 화해의 효력이 있지만 구속력은 부여하지 않고, 중재는 확정판결과 같은 효력을 주고 있다.

3. 일본은 민간형 ADR을 발전시키려고 다각도의 노력을 하고 있다

(1) 민간형 ADR의 개요

1890년에 마련된 일본의 중재법규는 과거에 민사소송법 제8편에 규정되어 있었으나, 새로운 중재법이 제정될 때까지 실질적인 개정이 없이 이어져 왔다. 비록 1890년에 중재법을 가지기는 했지만 일본의 민간형 ADR은 사법형이나 행정형보다는 그 출발이 늦다고 할 수 있다. 해운 분쟁의 해결을 위해 1926년에 중재기관이 설립되었으나 1950년대에 와서야 상사분쟁을 위한 국제중재기관이 출현하였으며, 그 밖의 민간형 ADR 기관은 주로 1990년대에 와서야 발달하였다(Aya Yamada, 2009: 11-13).

2001년에 일본은 종합적인 ADR 제도 기반을 마련하기 위하여 사법제도개혁추진본부의 사무국에 ADR 검토회를 설치하고, 구체적인 ADR 검토작업을 착수하게 하였다(http://www.kantei.go.jp/jp/sihouseido/report/ikensyo). 그 개혁 중의 하나로 일본은 1996년 민사소송법 개정 시 구 중재법 규정을 그대로 떼어내 공시권고절차 및 중재절차에 관한 법률에 담았

외국 ADR, 득이 되면 수입하자

넌 것을 2003년에 독립된 법으로서의 새로운 중재법으로 대체하였다(三木浩一, 2001: 51). 그것은 일본의 경제규모와 세계경제에서 차지하는 위상을 고려해 볼 때 상거래에서 발생하는 분쟁해결을 위해 사용되는 중재의 이용 건수가 너무 적었고, 그렇게 부진한 중요한 이유 중의 하나는 일본의 중재법 제도가 너무 낙후되고 국제적 상거래 기준에 부합되지 못한다는 비판을 반영한 것이기도 했다. 신 중재법은 조문을 쉽게 하면서도 국제적 표준에 따라 규정하는 등 UNCITRAL 모델중재법의 내용을 가능한 한 충실하게 반영하려고 하였다. 일본의 대표적인 민간형 ADR 기관으로는 일본상사중재협회, 해사중재위원회, 동경변호사회, 재단법인인 교통사고분쟁처리센터, 각종 소비자센터나 PL센터 등을 들 수 있다.

일본의 민간형 ADR은 두 가지 큰 특징을 가지고 있는데 하나는 변호사나 변호사단체가 민간형 ADR을 확산시키는데 중요한 역할을 하고 있다는 점이고, 또 다른 하나는 기업과 소비자 사이의 분쟁을 해결하기 위하여 설립되고 그 분쟁과 관련된 기업이 속해 있는 협회나 단체에 의해 지원을 받는 'PL센터'가 활성화되어 있다는 점이다.

일본변호사회는 동경을 위시하여 히로시마, 나고야, 니가타현, 사이타마 변호사회 등에서 각종 화해, 알선, 중재센터를 운영하고 있다. 한편 일본변호사연합회는 2001년 6월에 'ADR센터'를 설치하고, 2002년부터는 '중재통계연보'(후에 '중재ADR통계연보'로 변경)를 발행해 왔다. 이에 의하면 2012년도 기준으로 일본 각지의 변호사회 중재센터나 분쟁해결 센터에서의 사건 신청 건수는 1,046건(2011년도는 1,370건)이었고, 분쟁의 상대방이 교섭 테이블로 나온 응낙률은 69.3%였으며 그중에서 해결률은 57.2%에 이르렀다고 한다(仲裁ＡＤＲ統計年報, 2013). 재단법인 교통사고분쟁처리센터는 항공기나 선박 등을 제외한 육상운송 교통사고에 대한 합의, 알선 및 재정을 시행하고 있다.

1995년에 시행된 제조물책임법으로 제품의 결함을 원인으로 발생하는 분쟁해결제도가 강화되었는바 이로 인해 제품분야별로 전문적인 지식이나 경험을 활용하는 민간형 ADR이 확대되었다. 이에 앞서 통상산업성은 1994년 10월에 '제품분야별 재판 외 분쟁처리체제의 정비에 대하여'라고 하는 통달을 내고 민간주도형의 ADR 기관을 설립하도록 각 업계에 요청하였는데, 이러한 정부의 노력으로 의약품PL센터, 화학제품PL상담센터, 가스석유기기PL센터, 가전제품PL센터, 일본화장품공업회PL상담실, (재)자동차 제조물책임상담센터, 주택부품PL센터, 소비생활용PL센터, 생활용품PL센터, 일본 자동차수입조합소비자상담실, 방재제품PL센터와 같은 민간형 ADR 기관인 PL센터 등이 설립되었다(최병록, 2000: 329-330).

일본에서 민간형 ADR의 발전이 부진한 것은 우리나라와 비슷한 사회적 환경 때문으로 생각된다. 우리나라와 마찬가지로 일본에서도 개인이나 기업이 관련된 분쟁은 공신력 있는 국가기관과 같은 공적인 기관에서 결정해줘야 한다는 국민들의 의식, 재판의 결과에 대한 확실성과 집행 가능성, 예측 가능성의 문제 등이 민간형 ADR의 발전을 더디게 하는 요인이라고 할 수 있다.

외국 ADR, 득이 되면 수입하자

한편 2001년에 ADR검토회가 배포한 자료에 의하면, 일본의 주요 민간형 ADR 기관은 〈표 9〉와 같다(http://www.kantei.go.jp/jp/singi/sihou/kentoukai/adr/dai1/1siryou_list.html).

〈표 9〉 일본의 주요 민간형 ADR 기관

• (사) 국제상사중재협회	• (사) 일본증권업협회
• (사) 일본해운집회소	• 클리닝배상문제협의회
• (재) 교통사고분쟁처리센터	• 동경도치과의사회의사처리부위원회
• (재) 일본크레디트카운셀링협회	• (사) 동경도택지건물거래업협회부동산상
• (재) 부동산적정거래추진기구	담소
• 의약품PL센터	• (재) 부동산적정거래추진기구
• 화학제품PL상담센터	• (사) 일본광고심사기구
• 가스석유기기PL센터	• 제2동경변호사회중재센터
• 가전제품PL센터	• 오사카변호사회종합법률상담센터
• (재) 자동차제조물책임상담센터	• 니가타현변호사회합의알선센터
• 주택부품PL센터	• 동경변호사회알선 · 중재센터
• 소비생활용품PL센터	• 히로시마변호사회중재센터
• 생활용품PL센터	• 요코하마변호사회알선 · 중재센터
• 청량음료상담센터	• 제1동경변호사회중재센터
• 일본화장품공업연합회PL상담실	• 사이타마 변호사회 합의알선센터
• 방재제품PL센터	• 오카야마 중재센터
• (사) 일본방문판매협회	• 나고야변호사회알선 · 중재센터
• (사) 동경도대금업협회	• (재) 일변연교통사고상담센터
• (사) 동경은행협회동경어음교환소부도어	• 일본지적재산중재센터
음전문위원회	• 분의조정위원회(예: 동경변호사회분의조
• 동경곡물상품거래소분의조정위원회	정위원회)

(2) 일본의 중재기관: 일본상사중재협회

일본의 대표적인 중재기관으로는 일본상사중재협회(JCAA: the Japan Commercial Arbitration Association)를 들 수 있다. 일본상사중재협회는 1950년에 경제단체의 후원으로 일본 상공회의소 안에 국제상사중재위원회(The International Commercial Arbitration Committee)라는 명칭으로 출발하였다. 그 후 점증하는 국제거래에 부응하고 활성화를 도모하기 위하여 1953년에 상공회의소로부터 독립하여 현재의 일본상사중재협회로 재탄생하였고, 일본의 국제거래와 관련된 무역 분쟁의 예방 및 해결에 힘써왔다(http://www.jcaa.or.jp). 일본상사중재협회는 다수의 법인, 단체 및 개인 회원으로 구성되어 있으며, 도쿄에 본부를 두고 오사카, 고베, 나고야, 요코하마에 각각 사무소를 두고 있다.

일본상사중재협회가 분쟁해결과 예방을 위해 제공하는 서비스로는 중재를 비롯하여 조정, 알선 및 상담 등이다. 그 외 기업 거래에 필요한 법률 상담, 계약 및 무역 상담과 그에 필요한 자료를 수집하고 정보를 제공하는 역할을 하고 있으며, 일본상사중재협회의 기관정보지로서 'JCA 저널' 과 'JCAA Newsletter'를 발행하고 있다.

특이한 것으로 일본상사중재협회는 1973년부터 ATA 까르네(carnets)를 발급하고 있다. 이는 ATA협약(물품의 일시 수입을 위한 통관증서에 관한 협약)에 근거하여 박람회 출품물, 작업 용구, 상품 견본 등의 물품을 외국에 일시적으로 반입하는 경우 ATA협약 가입국 간에 복잡한 통관서

외국 ADR, 득이 되면 수입하자

류나 담보금을 대신하는 증시이다. ATA 까르네를 이용하면 ATA 협약가입국 간에 부가적인 통관서류의 작성이 필요 없이 신속하고 원활한 통관을 할 수가 있다. 우리나라에서는 대한상공회의소에서 이에 대한 발급을 담당하고 있다.

그런데 일본상사중재협회는 일본의 경제 규모나 세계경제에서 차지하는 위상을 고려할 때 중재 등 사건을 처리하는 건수가 너무 적어 분쟁해결 기능보다는 기업 거래와 분쟁해결을 위한 조사 연구, ADR과 중재를 위한 세미나·강연회, 외국 ADR 기관과의 국제 교류 등을 통한 홍보나 교육 기능에서 더 의미를 찾을 수 있다. 일본의 중재 접수 건수(표 10)는 협회의 창립 이래 1995년까지 연평균 4.02건으로 1990년대 중반까지도 매년 10건을 밑도는 수준(1991년: 6건, 1992년: 6건, 1993년: 3건, 1994년 4건, 1995년: 8건)에 그쳤다(JCAA Newsletter). 2000년대에 들어서서도 10건 전후의 수준(1999년: 12건, 2000년: 10건, 2001년: 17건, 2002년: 9건, 2003년: 14건)을 크게 벗어나지 못하는 실정이었으며, 2010년에 들어와서야 국내외 중재 접수 건수가 20건을 돌파하였다. 특히 일본상사중재협회의 중재 접수 건수는 국제사건에 비해 국내 사건이 매우 저조한 상태인데, 이는 일본 국민들의 중재에 대한 인식과 홍보가 제대로 정착되지 않은 것에 기인한 것으로 보인다.

<표 10> 일본상사중재협회의 중재 사건 접수 건수

연도	국제중재	국내중재	계
2006	11	–	11
2007	12	3	15
2008	12	–	12
2009	17	1	18
2010	21	6	27

※ JCAA Newsletter(2012) 참조하여 작성

4. 일본 ADR법의 개혁 시도 노력에서 우리가 얻을 것은 무엇일까?

(1) 일본 ADR법의 개혁 배경과 추진과정

일본은 2003년에 사법개혁 계획의 일환으로 구 중재법을 신 중재법으로 대체하였다. 그것은 일본의 경제규모와 세계경제에서 차지하는 위상을 고려해 볼 때 상거래에서 발생하는 분쟁해결을 위해 사용되는 중재의 이용 건수가 너무 적었고, 그렇게 부진한 중요한 이유 중의 하나는 일본의 중재법 제도가 너무 낙후되고 국제적 상거래 기준에 부합되지 못한다는 비판을 반영한 것이기도 했다(JCA Newsletter, 2002: 2). 일본의 구 중재법은 1890년에 제정된 이래 100여 년에 걸쳐 실질적으로는 변화 없이 유지되어 왔었기 때문에 신 중재법은 조문을 쉽게 하면서도 국제적 표준

외국 ADR, 득이 되면 수입하자

에 따라 규정하는데 주안을 두었다. 이 법은 2004년 3월에 시행되었는데 UNCITRAL 모델중재법을 가능한 한 충실하게 반영하려고 하였으며 국제적으로 일본은 45번째로 모델법을 채택한 나라로 인식되었다.

또한 2004년에 일본은 '재판 외 분쟁 해결절차의 이용 촉진에 관한 법률'을 제정하여 ADR촉진법을 마련하였다. 일본이 ADR법을 제정하게 된 배경에는 ADR 입법에 대한 세계적인 추세에 주의를 기울이고 그러한 동향에 부응하기 위해서였다. 山本和彦(2001: 26-27)의 분석에 의하면, 당시의 배경으로 독일은 1999년 민사소송법시행법 개정에 의한 동법 15조 a에서 소액사건, 인인(隣人)분쟁, 명예훼손(매스미디어에 의하지 않은 것)에 대해 주법에 따라 조정전치를 의무화할 수 있도록 하는 제도를 도입하였다. 또한 프랑스는 1995년 2월 8일 법에 의해 소송 전 조정 내지 소송 중 조정 회부 및 그 절차 등에 관하여 정하고(이것은 1996년 7월 민사소송법전에 도입되었다), 1998년 12월 18일 법은 법률부조의 범위를 확대하고 일부 ADR에도 적용한다는 취지의 규정을 신설하였다.

영국은 울프 경의 권고를 기본적으로 채택한 1998년 민사소송규칙에서 ADR에의 회부, 소송절차의 정지, 비협력 당사자에 대한 비용부담 제재 등 ADR의 촉진에 대해 규정하고, 1996년의 가족법과 1999년 사법에의 Access법에서 조정과 조기중립평가 등의 ADR을 법률부조의 대상으로 포함하였다. 미국은 1998년 연방ADR법에서 법원의 ADR이용촉진의무·당사자의 검토의무, ADR 담당자의 규율·비밀보호·보수, ADR 회부의 조건 등을 규정하고 있고, 나아가서 2001년에는 ADR 절차 내 정보의 개시가능성, 증거능력, 담당자의 비밀 준수 의무, 간이한 집행력부여 등에 관하여 규정한 통일조정법(Uniform Mediation Act)을 채택하였다. 게다가 국제적인 움직임으로 국제조정에 대해 UNCITRAL에서 모델법을 제정하는 움직임도 함께 고려하였다. 일본은 위와 같은 세계적인 ADR법 발전 추세의 동향을 주시하고 이에 발맞추기 위한 능동적인 ADR 입법을 추진하였던 것이다.

일본은 1999년에 내각에 사법제도개혁심의회를 설치하고 종합적인 ADR 제도 기반을 마련하기 위하여 2001년에는 사법제도개혁추진본부의 사무국에 ADR 검토회를 설치하여 구체적인 ADR 검토작업을 착수하였다. ADR 검토회는 ADR의 확충·활성화를 촉진하고 ADR의 재판절차와의 연계 강화를 위한 방안 모색 등에 초점을 두고 2002년 2월 5일부터 2004년 11월 8일까지 약 2년 10개월에 걸쳐 총 38회의 검토회의를 거듭한 결과 2003년에는 ADR에 관한 기본적인 법률을 제정할 경우의 주요 논점을 정리한 중간보고를 발표하였다. 그리하여 2004년 10월 12일에 '재판 외 분쟁해결 절차의 이용 촉진에 관한 법률(裁判外紛争解決手続の利用の促進に関する法律)'이 마침내 국회에 제출되어 통과되었다. 시행시기는 부칙 제1조에 의해 '공포한 날로부터 기산하여 2년 6개월을 넘지 않는 범위 내에서 정령으로 정하는 날로부터 시행'하게 됨에 따라, 나중에 정령으로 정한 2007년 4월 1일부터 ADR촉진법이 시행되게 되었다. 현재 일본은 동법의 시행령과 시행규칙까지 제정하여 시행하고 있다.

외국 ADR, 득이 되면 수입하자

(2) ADR 검토회의 심의 경과를 알아보자

ADR 검토회는 기존의 ADR 기관이나 이용자로부터 일본 ADR 제도에 관한 의견을 청취하고, 민간 ADR 기관에 대한 앙케이트 조사 등을 실시하여 일본의 ADR 현황을 파악하였다(http://www.kantei.go.jp/jp/singi/sihou/enkaku.html). 그 결과 ADR이 충분한 기능을 하지 못하고 있다는 결론에 이르게 되고, 그 이유로는 ADR의 존재나 의의에 대하여 국민의 인식·이해가 충분하지 않고, 민간 ADR에 대한 정보가 부족하여 이용에 불안감이 있고 미흡하며, ADR을 적극적으로 이용하고자 하더라도 제도상의 제약이 장애로 작용하고 있다는 점을 인식하였다. 이러한 점을 감안하여 ADR 검토회는 ADR이 그 장점을 살리면서 활성화되기 위해서는 ①ADR에 관한 기본이념이나 국가 등의 책무, ②ADR의 공정성·신뢰성을 확보하기 위해서 ADR 기관이나 ADR의 담당자가 준수해야 할 규칙 명시, ③ADR에 시효중단 효력 및 집행력 부여, ④ADR에 관한 제도상의 제약을 해소하기 위한 ADR 이용의 촉진이나 재판 절차와의 제휴 촉진을 위한 법제의 정비, ⑤국제적 동향을 감안하면서 조정·알선 절차에 관해서도 일반적인 절차 규범을 정하는 법제의 정비 등 많은 과제를 검토할 필요가 있다는 결론에 이르게 되었다.

위의 검토 과제를 중심으로 2003년 8월에는 전반적인 추진 논점을 정리한 '종합적인 ADR의 제도 기반의 정비에 대하여'라는 중간보고서를 작성하였다. 그 후 사법제도개혁추진본부 사무국은 토쿄, 후쿠오카, 오사카 등 전국 6개 도시에서 설명회를 개최하였고, ADR 검토회도 ADR 기관이나 인접 법률전문직종단체 등 관련 단체로부터 의견을 청취하였다. 한편 ADR 검토회는 ADR의 제도 기반 확충을 위하여 사법서사, 변리사, 사회보험노무사, 토지가옥조사원, 세무사, 부동산감정사, 행정서사와 같은 인접 법률전문직종이 ADR의 절차를 실시할 수 있는 위치에 있다는 점을 인식하고, 분쟁해결에 관한 전문적 능력을 가지는 그 외의 사람들도 폭넓게 활용해 나가는 것이 ADR 절차의 실시에 도움이 된다고 생각하여 ADR법에 인증 요건을 정비하게 되었다(정영수, 2005: 394-395).

또 ADR 확충을 위해서는 관계기관 등의 제휴 강화가 중요하다고 보고, 'ADR의 확충·활성화를 위한 관계기관 등의 제휴 강화에 관한 실행계획 (action plan)'을 마련하였다. 이는 관계기관이 중점적으로 실시해야 할 시책으로서 ADR에 대한 국민적 이해와 촉진, ADR 기관에의 접근성 향상, 담당자의 확보·육성, 관계기관 연락협의회의 정비 지원 등을 내용으로 하였다.

(3) 일본 ADR법의 구성과 특색은 어떻게 되어 있나?

일본 ADR법의 전체적인 구조는 제1장 총칙, 제2장 인증분쟁해결절차의 업무, 제3장 인증분쟁해결절차의 이용에 관한 특례, 제4장 잡칙, 제5장 벌칙으로 구성되어 있다.

이를 보다 세부적으로 살펴보면, 제1장 총칙에는 목적, 정의, 기본이념 등, 국가 등의 책무 등의 규정을 두고 있다. 제2장 인증분쟁해결절차의 업무에는 제1절 민간분쟁해결절차 업무의 인증에서 민간분쟁해결절차 업무의 인증, 인증의 기준, 결격사유, 인증의 신청, 인증에 관한 의견청취, 인

외국 ADR, 득이 되면 수입하자

중심시 참여원, 인증의 공시 등, 변경의 인증, 변경익 신고를 규정하고 있고, 제2절 인증분쟁해결사업자의 업무에서는 설명의무, 폭력단원 등의 사용의 금지, 절차실시기록의 작성 및 보존, 합병의 신고 등, 해산의 신고 등, 인증의 실효 등을 규정하였으며, 제3절 보고 등에서는 사업보고서 등의 제출, 보고 및 검사, 권고 등, 인증의 취소, 민간분쟁해결절차의 업무특성에 대한 배려 등의 규정을 두고 있다.

제3장 인증분쟁해결절차의 이용에 관한 특례에서는 시효의 중단, 소송절차의 중지, 조정의 전치에 관한 특칙 등의 규정을 두고 있고, 제4장 잡칙에서는 보수, 협력의뢰, 법무대신에 대한 의견, 인증분쟁해결절차의 업무에 관한 정보의 공표 등의 규정을 두고 있다. 제5장에서는 벌칙 규정을 두고 있고, 마지막에 부칙을 두고 있다.

이러한 편제를 바탕으로 일본 ADR법의 체계를 도표화하면 다음과 같다.

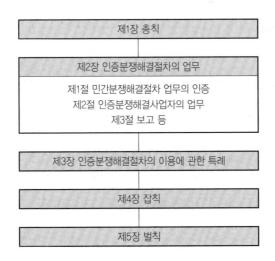

제1장 총칙

제2장 인증분쟁해결절차의 업무
제1절 민간분쟁해결절차 업무의 인증
제2절 인증분쟁해결사업자의 업무
제3절 보고 등

제3장 인증분쟁해결절차의 이용에 관한 특례

제4장 잡칙

제5장 벌칙

일본의 ADR법은 민간형 ADR 기관이 ADR 절차를 이용하여 공신력 있게 분쟁해결을 하고자 하는 경우 법무성장관의 인증을 받을 수 있게 하였다. 그러나 이는 의무적이지 않으며 인증을 받지 않고도 ADR 서비스를 제공할 수는 있다. 또한 시효의 중단 효력을 인정하였다는 점이 특색이다. 그동안 ADR 절차의 이용을 주저하게 된 이유 중의 하나인 ADR 절차의 이용 중에 시효가 완성될 우려가 있어 안심하고 ADR을 이용할 수 없다는 지적을 반영한 것이다. 이에 일본 ADR법은 인증을 받은 ADR 기관을 이용하는 경우에 시효 중단의 효력을 인정함으로써 ADR 절차의 이용 촉진을 기대할 수 있게 되었다.

다음으로 민사조정법이나 가사조정법 상으로 특정 사건들에 대한 소송을 제기하기 전에 조정 신청을 하도록 하였는데, ADR 법도 조정 전치에 관한 특칙을 둠으로써 인증을 받은 ADR 기관을 이용하는 경우에는 그 사건에 대하여 다시 조정 절차를 거치지 않고 바로 소송을 제기할 수 있게 하였다. 또 ADR의 활성화를 위해 소송절차의 중지제도도 도입하였다.

(4) 일본 ADR법상 인증제도 시행 현황을 분석해 보자

2004년 일본 ADR법이 통과되고 2007년 4월부터 시행에 들어간 시기를 전후하여 일본의 ADR계는 적지 않은 변화를 가져 왔다. 2004년에는 '중재ADR법학회'가 출범하여 ADR법의 개정, 제도 보완, 정책적 제안 등을 기능을 하고 있다. 2010년에는 '일본ADR협회(http://japan-adr.or.jp)'가 설립되어 ADR에 의한 분쟁의 원활하고 원만한 해결이 사회에

외국 ADR, 득이 되면 수입하자

이익을 가져올 수 있다는 전제하에 ADR에 대한 사회의 이해와 신뢰를 조성하고 ADR 제도의 진흥을 도모하기 위하여 ADR에 관한 조사·연구 사업, ADR의 이용에 관한 홍보 및 계몽 활동, ADR 종사자에 대한 교육 등을 시행하고 있다. 동 협회는 2012년 4월에 'ADR법의 개정을 향하여'라는 보고서를 통하여 ADR법의 개선 사항을 제언하기도 했으며, ADR검토회의 보고서에 대하여 평가하는 의견을 제시하기도 했다. 일본ADR협회는 2014년 4월 기준으로 29개 기관회원을 두고 있다.

미국의 1998년 ADR법이 사법형 ADR을 입법화한 것이라면 일본의 2004년 ADR법은 민간형 ADR을 입법화한 것으로서, 특히 ADR을 시행하는 민간 사업자에 대한 인증제도는 동 법의 핵심이자 일본 ADR법의 특성을 반영하는 것이라 할 수 있다. 따라서 일본 ADR법이 제정된 이래 민간 사업자에 대한 인증제도가 어떻게 운용되고 있고, 그 성과는 어떠한지를 살펴보는 것은 우리나라의 ADR 기본법 제정에 관한 논의에 있어서나 ADR의 확산·발전을 위해서 참고가 되는 중요한 시사점을 줄 수 있다고 생각된다. 최근 일본의 ADR법검토회는 법무성장관에게 ADR법에 관한 검토 보고서를 제출하였는데, 이 보고서의 내용을 보면 ADR법 시행 이후 ADR 인증사업자의 실적 추이를 파악할 수 있다(http://japan-adr.or.jp/000121361.pdf). 이하에서는 동 보고서에 나타난 일본의 현행 ADR 인증제도의 실태를 분석해 보고자 한다.

먼저 〈표 11〉과 같이 일본 법무부성으로부터 인증을 받은 사업자는

ADR법 시행이 개시된 2007년에는 10개에 지나지 않았으나, 2009년도와 2010년도에 크게 증가되어 2010년도 말에는 96개의 인증사업자가 되었고, 2014년 3월 기준으로 128개의 인증사업자가 존재하게 되었다. 인증사업자의 종류별로는 2011년 기준으로 사회보험노무사회, 사법서사회, 토지가옥조사사회, 행정서사회, 변호사회 등의 사업자단체가 전체의 78%로 가장 많은 비율을 차지하고 있다. 그다음으로는 사단·재단이 많고, 다음으로 비영리단체의 순으로 되어 있다.

〈표 11〉 인증사업자 수 추이

	2007	2008	2009	2010	2011	2012 이후
사업자수	10	16	38	32	16	16
계	10	26	64	96	112	128

※ '2012년 이후'는 2014년 3. 17일까지의 통계임
※ ADR법에 관한 검토회 보고서 자료를 참조하여 재작성함(이하 표 작성에서 동일함)

다음으로 인증사업자의 ADR 실적(표 12)을 보면, ADR법 시행이 개시된 2007년에 분쟁해결 사건의 수리건수가 68건, 성립건수가 11건에 지나지 않았으나, 2008년도부터 크게 증가하기 시작하여 2010년부터는 1,000건이 넘는 분쟁해결 사건이 수리되었고, 성립건수도 2011년부터는 500건이 넘게 되었다. 따라서 2007년 인증사업 착수 이래 인증사업자에 의한 분쟁해결은 누적으로 볼 때 2011년도 말 기준으로 4,157건이 수리되어

외국 ADR, 득이 되면 수입하자

3,755건이 종료되고 그중 1,474건이 해결된 것으로 나타났다.

〈표 12〉 인증사업자의 ADR 실적 추이

	2007	2008	2009	2010	2011	계
수리건수	68	721	887	1,129	1,352	4,157
종료건수	34	515	875	1,058	1,273	3,755
성립건수	11	208	339	415	501	1,474

인증사업자의 ADR 실적 중 분쟁해결 절차의 종료 내용(표 13)을 보면, 성립률은 첫해에 32.4%(불응한 경우를 제외하면 42.3%)였던 것이 2011년도에는 약 40%(불응한 경우를 제외하면 51%) 정도로 증가하였음을 알 수가 있다. 분쟁해결 절차를 철회하거나 이탈하는 경우는 첫해에 20%를 상회하였으나 제도화가 진전되면서 10% 전후로 낮아졌음을 알 수 있다. 한편 분쟁해결 상대방의 ADR 절차에의 참여는 분쟁해결의 시작점이자 분쟁해결의 가능성이라고 할 수 있는데, 상대방이 ADR 절차에 불응하는 비율은 20%대에서 큰 진전을 나타내지 않는 것으로 보인다. 이러한 불응은 아직까지 일본에서 ADR에 대한 국민들의 인식이 부족하고 홍보가 더 필요한데 기인한 것으로 생각된다.

<표 13> 분쟁해결 절차의 종료 사유

(단위: %)	2007	2008	2009	2010	2011
성립	32.4(42.3)	40.4(53.1)	38.8(48.6)	39.2(53.8)	39.4(51.0)
가망 없음	23.5	26.8	30.5	23.0	26.2
철회 또는 이탈	20.6	7.9	9.8	9.6	11.2
불응락	23.5	23.9	20.2	27.1	22.9
기타	—	1.0	0.7	1.1	0.3

※ 괄호안의 숫자는 상대가 불응한 경우를 제외한 성립률임

다음으로 상대의 불응을 제외한 인증사업자의 분쟁해결 절차의 소요기간(표 14)을 보면, 2007년부터 2008년까지는 3개월 미만의 기간 동안에 분쟁해결 절차가 끝난 경우가 60% 정도였으나 최근으로 올수록 40%대로 하락하였는데, 이는 ADR 인증사업이 정착되어 감에 따라 더 복잡하고 어려운 분쟁해결을 의뢰하는 비율이 늘고 있기 때문으로 보인다. 또 초기인 2007년과 2008년도에 6개월 이상 소요되는 비율이 5% 미만이었으나 2009년부터 10%를 넘어서고 있는 것도 역시 비슷한 이유에 근거하는 것으로 보인다. 전체적으로는 1개월 이상에서 3개월 미만의 기간이 가장 많은 비율을 차지하고 있고, 6개월 안에 종료되는 비율이 최근 85%가 넘어서고 있어 ADR 인증사업자의 분쟁해결 절차가 상당히 신속하게 이루어지고 있다고 평가할 수 있을 것이다.

<표 14> 인증사업자의 분쟁해결 절차의 소요기간

(단위: %)	2007	2008	2009	2010	2011
1개월 미만	3.9	6.2	5.3	6.4	6.4
1개월~3개월 미만	61.5	60.6	41.7	46.8	40.8
3개월~6개월 미만	34.6	29.9	35.8	33.5	38.9
6개월~1년 미만	–	3.3	15.3	11.8	10.9
1년~2년 미만	–	–	1.9	1.5	0.1

다음으로 인증사업자의 분쟁해결 절차상 심리 횟수를 살펴보면, <표 15>에서 보듯이 1회로 종결되는 경우가 30-40% 사이에 있고, 3회 이내에 종결되는 경우는 2009년을 제외하고 모두 80% 근처이거나 넘고 있어 대부분 절차가 3회 이내의 심리를 갖는 것으로 나타나고 있다.

<표 15> 인증사업자의 분쟁해결 절차상 심리 횟수

(단위: %)	2007	2008	2009	2010	2011
1회	34.6	40.0	29.6	31.6	36.2
2회	26.9	28.7	25.9	28.1	31.7
3회	23.1	17.9	19.1	19.5	15.9
4회	7.7	6.6	10.8	8.8	7.1
5~10회	7.7	6.3	13.9	10.6	8.3
11회 이상	–	0.5	0.7	1.4	0.8

끝으로 인증사업자가 취급한 사건의 분쟁해결 금액별 분류(표 16)를 보면, 금액을 측정하기가 어려운 사건이 상당히 높은 비율을 차지하고 있음을 알 수 있다. 그런가 하면 60만 엔 이하의 적은 금액의 비율도 상대적으로 높은 비율을 차지하고 있다. 60만 엔 초과에서 1천만 엔 이하의 구간에서는 그 금액별 비율이 비교적 고르게 나타나고 있다. 또 1억을 초과하는 큰 금액의 사건은 적게 나타나고 있다.

〈표 16〉 인증사업자의 분쟁해결 가액별 분류

(단위: ¥, %)	2007	2008	2009	2010	2011
60만 이하	20	17	15	17	18
60만–140만 이하	6	10	11	12	10
140만–300만 이하	12	14	11	11	12
300만–1천만 이하	9	17	16	15	14
1천만–1억 이하	3	12	14	10	16
1억 초과	–	1	2	2	4
산정 불능, 불명	50	29	31	33	26

(5) 일본 ADR법상 인증제도 시행에 대한 최종 평가는 아직 이르다

일본 ADR법이 2007년 시행된 이후 2014년 3월까지의 현황을 보면, 누적 사업자 수가 128개로서 1,121건을 접수하고 1,192건을 처리하였는바 치리 건수의 41.86%가 화해 성립되어 적지 않은 해결률을 보이고 있으나, 상대방이 분쟁해결에 응낙하지 않는 비율도 20%를 상회하는 것으로 나타나고 있다(황승태·계인국, 2016: 267-268). 그렇다면 ADR법의 시행과 인증제도가 일본 민사소송과 민사조정에는 어는 정도 영향을 미쳤을까? 일본 ADR법이 2007년 시행된 이후인 2009년부터 민사소송과 민사조정이 감소하는 것으로 나타나고 있지만 이러한 현상이 인증에 따른 민간기관의 분쟁해결에 기인한 것으로 아직 단정하기는 어렵다. 일본 법원에서의 민사소송과 민사조정이 감소하는 사유에 대해서는 인구 감소, 고령화, 과불금 등 사건의 감소, 특정조정의 감소 등에서 그 이유를 찾기도 한다.

한편 ADR법 부칙 제2조에 따라 법률 시행 후 5년이 경과하면 이 법률의 시행상황에 관하여 검토하고 필요하다고 인정할 때는 그 결과에 근거하여 필요한 조치를 강구하도록 되어 있는바, 일본 ADR협회는 2012년 4월에 법무성에 동 ADR법의 개정을 위한 제안을 하였고 2013년에 설립된 'ADR법에 관한 검토회'는 2014년 3월 법무성에 ADR법의 개정을 위한 보고서를 제출한 바 있지만, 아직까지 동 ADR법의 개정에 대해 구체적인 조치는 없는 상황에 있다. 이러한 점들을 고려할 때 ADR법의 시행으로 인한 효과에 대한 판단과 개선 방안에 대해서는 보다 시간이 필요할 것으로 보인다.

중국의 ADR 제도의 발전이 심상치 않다

중국의 ADR 제도는 오래전부터 발달해 온 유교문화의 영향으로 인해 비공식적이고 비적대적인 분쟁해결의 전통에서 그 특징을 찾을 수 있다. 중국의 비적대적인 갈등해결 방식은 서로의 체면을 살려주고 나아가 거래관계도 지속해줄 수 있다는 측면에서 의미가 있다. 이러한 배경 때문에 조정(conciliation)이 중국에서 가장 많이 사용되는 분쟁해결 방식이라는 것도 자연스럽게 도출된다. 또한 중국의 재판이나 중재 과정에서 다양한 조정 형식이 사용되는 것도 이러한 배경을 바탕으로 한다.

그런데 중국에서 일반적으로 조정이라 할 때 'mediation'과 'conciliation'을 혼용하여 사용하는 경우가 많다. 그러나 그것을 구분하는 경우에는 'mediation'이 분쟁을 해결하기 위해 분쟁 당사자의 실제적 관심이나 강점에 중점을 두고, 조정인(mediator)이 합당하다고 생각되는 안을 적극적으로 권유하지 않으며 단순히 당사자들이 스스로 합의할 수 있도록 돕는 데 그친다. 이에 비해 'conciliation'은 mediation보다 당사자에게 더 개입하여 해결을 유도할 수 있다는 의미로 사용한다는 데 차이가 있다. 하지만 둘 다 당사자들에게 합의를 강요하지는 않는다는 점에서는 같다(Zheng Rungao, 2002: 1-3).

중국 ADR 제도를 크게 나누면 재판이나 중재절차와 혼합된 혼합절차(hybrid processes)와 ADR 기관에 의해서 시행되는 비혼합절차(non-hybrid processes)로 대별할 수 있다. 그중에서 중국의 ADR은 재판이나 중재와 결합된 혼합절차(hybrid processes)가 많이 활용되며 그 절차는 분쟁 당사자가 동의하면 궁극적으로 법적 구속력을 갖는 경우가 많다. 이러한 혼합절차는 미국을 비롯한 서양의 ADR 제도와는 성격을 좀 다르게 볼 필요가 있다. 또한 법적 구속력을 가진다고 하여 계약상의 의무가 바로 집행될 수 있는 것은 아니고 당사자의 청구에 따라 법원에 의해서 집행될 수 있다.

일반적으로 중국에서 ADR이라 하면 제3자가 반드시 개입되는 것을 의미한다. 따라서 중국에서 협상은 ADR에 해당되지 않는다고 생각한다. 그런가 하면 중재는 궁극적으로 중재판정을 통하여 집행이 가능하고 법적 구속력을 가지므로 ADR의 형태로 보지 않는 경우가 많고, ADR이라 하면 소송이나 중재를 대체할 수 있는 분쟁해결 절차를 의미하기도 한다. 따라서 중국에서는 법원의 판결이나 중재판정에 대해서는 얼마나 효율적이고 효과적으로 집행할 수 있게 할 것이냐 하는 문제가 입법부나 행정부의 주요 관심사항이다.

1. 중국의 사법형 ADR은 어떠한가?

중국의 사법형 ADR은 법원조정과 소송화해가 있다. 법원조정은 인민법원이 민사사건, 경제분쟁 관련 사건과 경미한 형사사건에 대하여 법원 내에서 하는 조정이다. 이에 비해 소송화해는 당사자가 재판 절차에서 자발적인 협의를 통하여 분쟁을 종결하기 위한 당사자의 처분행위를 말한다.

(1) 법원 조정

법원조정(Court Conciliation)은 민사소송법에 의하여 자원(自願)의 원칙과 합법의 원칙에 따라 당사자들이 자발적으로 합의를 도출하여 민사분쟁을 해결하는 것을 말한다. 법원조정을 원활하게 하기 위하여 인민법원의 조정업무에 관한 규정과 간이절차에 대하여는 별도의 간이규정을 두고 있다. 법원조정은 당사자의 자발적인 처분권과 인민법원의 재판권을 조화롭게 결합하여 운용하는 제도로서 기본적으로는 법원에 의해 시행되는 사법 활동이라 할 수 있다.

중국의 법원에서 판사는 민사사건이 넘어오면 당사자의 의사를 존중하며 조정을 하려고 노력한다. 조정규정에 따르면 조정이 가능한 민사사건에 대해 법원은 반드시 조정을 진행해야 한다. 다만 독촉절차, 공시최고절차, 파산절차를 비롯하여 혼인이나 신분관계를 확인하는 사건 및 성격상 조정을 하기 곤란한 사건의 경우에는 제외된다. 조정의 진행은 공개재판의 원칙에 따라 공개로 진행하며 당사자가 비공개를 원하면 법원의 허가를

외국 ADR, 득이 되면 수입하자

얻이 비공개로 힐 수 있다(김호, 2008: 5-14). 딩사자가 힙의하면 조정힙의가 성립되고, 이를 법원이 확인하면 조정합의의 내용에 따라 법적 효력을 갖게 된다. 당사자가 요청하여 조정합의의 내용에 따라 법원이 조정서를 작성하게 될 경우에는 당사자 쌍방이 서명하고 이를 수령하면 즉시 법적 효력을 갖는다. 상대방이 조정합의를 이행하지 않으면 당사자는 조정서를 기초로 법원에 강제집행을 신청할 수 있다. 만일 한 쪽 당사자가 합의를 철회하면 조정안은 무효가 되며 재판 절차가 다시 시작된다.

(2) 소송화해

소송화해는 당사자가 소송 절차에서 자발적인 협의를 통하여 합의를 도출하고 분쟁을 종료하고자 하는 절차를 말한다. 법원조정이 민사소송법에 따른 절차에 의해 진행되어야 하는 것에 비해 소송화해는 전적으로 양 당사자의 의사에 따라 진행되는 것에 차이가 있다. 따라서 법원조정이 판결과 동일한 효력을 갖는데 비하여, 소송화해는 판결과 같은 효력이라기보다는 한 쪽 당사자가 합의의 내용에 기초하여 소를 취하하는 방식으로 소를 종결시키게 된다(김호, 2008: 23-26). 또한 소송화해는 법원조정과 달리 강제집행력이 없이 당사자의 의사에 의해 그 이행 여부가 좌우된다고 하겠다. 하지만 소송화해는 당사자의 자발적인 합의를 전제로 서로가 만족할 수 있는 결과를 도출하여 공통의 이해가 증진될 수 있다는 장점을 가지고 있다.

2. 행정형 ADR의 종류와 특색

중국의 행정형 ADR은 노동쟁의 중재를 비롯하여 의료분쟁, 교통사고 및 환경 관련 분쟁 처리제도 등이 있으며, 중국 특유의 신방제도(信訪制度)가 있다(김호, 2008: 30-73).

노동쟁의 중재제도는 1994년에 통과된 중국의 노동법에 노동쟁의 처리 제도에 대한 규정을 둔 것과 2007년에 노동쟁의조정중재법을 제정함으로써 정립되었다. 노동쟁의는 노동계약 관계에서 고용주와 노동자 사이에 발생하는 권리관계의 분쟁을 말하는데, 노동쟁의중재는 노동쟁의중재기구가 당사자의 신청에 따라 중립적인 입장에서 조정을 하거나 재결을 하는 것이다.

노동쟁의중재기구로는 노동자 대표와 기업 대표로 구성되는 기업노동쟁의조정위원회와 성, 자치구 인민정부나 직할시 인민정부 등에서 설립하는 노동쟁의중재위원회를 들 수 있다. 당사자가 노동조정을 신청하여 조정합의를 이루지 못하거나, 조정합의를 이룬 후에 상대방이 의무를 이행하지 않는 경우에는 당사자는 법에 따라 중재를 신청할 수 있다. 당사자는 노동쟁의에 대하여 반드시 중재절차를 거쳐야 재판을 받을 수 있는데, 중재의 효과는 최종성(finality)을 갖지 아니하며 중재판정에 불복하는 경우 인민법원에 소송을 제기할 수 있다. 그러므로 노동중재는 최종성의 측면에서 상사중재와는 효과를 달리한다.

외국 ADR, 득이 되면 수입하자

의료분쟁 처리와 관련하여 1987년에 국무원은 의료사고처리판법(醫療事故處理辦法)을 제정하여 의료사고의 감정과 사고 처리, 환자에 대한 배상, 책임 있는 자에 대한 처분 등을 규정하였는데, 2002년에는 의료사고처리판법을 대체하는 의료사고처리조례를 공포하여 의료사고의 유책자로 의료기관도 처음으로 인정할 수 있게 하였고, 과실로 인한 신체 손상에 대한 의료과실 행위를 의료사고의 범주에 넣는 등 의료사고의 범위를 확장하였다. 의료분쟁이란 의료 과정에서 야기되는 의료제공 주체와 환자 사이에 발생하는 분쟁을 말하는데, 의료사고가 발생하면 당사자가 보건 주무부처에 분쟁의 처리를 신청할 수 있다. 이때 반드시 서면으로 신청하여야 한다. 분쟁이 발생한 경우 당사자 간에 협의를 통하여 해결이 잘되지 않을 때 당사자는 주무부처에 조정을 신청할 수 있는데, 인민법원에 직접 재판을 청구할 수도 있다.

중국에서 교통사고와 관련된 분쟁의 해결은 공안국 교통관리부에서 담당해 왔는데, 공안국 교통관리부는 조정과 행정결정을 결합하는 방식으로 사건을 처리하여 왔다. 1991년에 국무원은 도로교통사고처리판법을 공포하여 정식으로 교통사고 처리제도를 확립하였고, 2003년에는 별도의 도로교통안전법이 제정되었다. 2005년에는 도로교통안전법과 더불어 공안부의 교통사고처리공작규범(交通事故處理工作規範)이 시행되었다. 교통사고와 관련한 분쟁이 발생하면 당사자는 공안국 교통관리부에 조정을 신청할 수 있는데, 조정을 거쳐도 당사자 간에 합의가 이루어지지 않거나 합의가 성립한 후 조정서의 내용을 이행하지 않으면 당사자는 민사소송을 제기할 수 있다.

중국의 환경과 관련된 분쟁의 해결을 위해서는 환경분쟁행정처리제도가
있다. 환경분쟁이 발생한 경우 당사자는 환경주무부처나 관련 부처에 분
쟁해결을 신청할 수 있다. 환경분쟁의 행정처리와 관련된 법규는 환경보호
법을 비롯하여 각종 오염방지법 등이 있다. 환경분쟁의 행정처리는 행정조
정의 성격을 가지며 조정 합의가 성립되었다 하더라도 행정기관은 강제집
행을 할 수 없으며, 당사자도 인민법원에 강제집행을 청구할 수 없다. 따라
서 당사자가 조정 결과에 대하여 자발적으로 이행하지 않는 경우에는 인
민법원에 민사소송을 제기할 수밖에 없다.

신방제도(信訪制度)는 사회주의적인 특성이 있는 전형적인 민원해결제
도로서 분쟁의 당사자들에게 좀 더 저렴하면서도 신속, 편리한 분쟁해결
을 제공하는 중국의 특유한 제도이다. 신방제도란 자신의 권리가 공권력
에 의해 침해를 받았다고 생각하는 경우에 서신이나 직접적인 방문을 통
하여 신방기관(信訪機關)에 권리의 구제를 신청하는 제도를 말한다. 국
무원은 1995년에 신방조례를 제정, 공포하였다. 신방기관은 현(縣)급 이상
의 인민정부에 설치되어 전문적으로 신방업무를 처리하는 기관을 말하며,
신청인인 신방인이 제기한 신방 사건의 수리를 결정하고 신방사건을 처리
하게 된다. 중국의 신방제도는 분쟁해결에 있어 당사자의 편익을 도모하고
분쟁해결 비용을 절감시키며, 당사자에게 필요한 정보와 자문을 제공함으
로써 효과적인 분쟁해결 절차를 선택하게 하는 역할을 해준다고 한다.

　　　　　　　　　　　　　　　　　　외국 ADR, 득이 되면 수입하자

3. 민간형 ADR의 종류와 특색

(1) 조정

중국 전통사회에서는 사법기능과 행정기능이 분화되지 않았고, 광대한 국토에 비해 관료의 수가 충분하지 않아서 사적인 분쟁의 해결은 마을공동체에 맡겨지는 경우가 많았다(언론중재위원회, 2013: 52-53). 일찍이 진나라에서는 5천 호 이상의 큰 향(鄕)에는 유질(有秩), 작은 향에는 색부(嗇夫)라는 관직을 두어 조세와 부역을 부과하고 민간 분쟁을 조정하게 하는 책임을 맡게 했다. 한나라의 무제는 법률보다는 유교적 가르침을 우선하여 법률로써 시비를 가리기보다는 사전 조정을 선호하였다. 명나라에서는 '리갑노인'(里甲老人)이라고 하여 마을에서 존경을 받는 원로를 추대하여 경미한 분쟁은 반드시 이들의 판단을 거친 뒤에야 관청에 소송을 제기할 수 있게 하였다. 또 청나라에서는 상업경제의 발전 등으로 재산권을 다투는 민사소송이 급격히 증가하였는데, 이러한 분쟁에 대해 조정과 소송절차를 병용하여 처리하게 하고, 소송 제기 이후 지역의 권위자가 조정을 통해 해결하도록 하는 경우가 많았다.

중국 조정제도의 분류에 대해서는 일률적이지가 않다. 우광명(2006: 119)은 인민조정, 행정조정, 중재조정, 법원조정의 네 가지로 분류하고 있다. 이만희(1993: 97)는 민간조정, 사법행정적 조정, 법원조정, 섭외조정기구에 의한 조정, 섭외중재기구에 의한 조정 등 다섯 개의 분류를 한다. 그런가 하면 齊樹潔(2009: 255)은 조정위원의 성격에 따라 인민조정, 법원조정, 행정조정, 중재조정 등으로 나눈다. 이하에서는 조정을 시행하는 주체에 따라 법원조정, 인민조정위원회에서의 인민조정, 조정기관에서의 조정, 중재기관에서의 조정으로 나누되, 앞에서 검토한 법원조정을 제외한 세 가지의 조정에 대하여 검토하고자 한다.

1) 인민조정

인민조정(人民調解) 제도는 중국의 역사와 문화적인 전통을 기초로 발전한 제도로서 인민군중이 봉건통치에 항거하던 토지혁명 전쟁 시기를 거쳐 항일전쟁과 신중국의 성립을 통하여 발전하여 왔다(김호, 2008: 80-81). 1949년 중화인민공화국이 성립한 이래 1953년에는 전국적으로 기층정부에 인민조정기구를 실치하였고, 1954년에 국무원은 '인민조정위원회잠행조직통칙(人民調解委員會潛行組織通則)'을 공포하여 인민조정위원회라는 상설적 민간조직을 법적 제도로 확립하여 전국적으로 인민조정을 보급하였다. 1989년에는 국무원이 '인민조해위원회조직조례(人民調解委員會組織條例)'를 공포하여 인민조정위원회의 조직형식, 원칙, 임무 등에 대하여 구체적으로 규정하였다. 2002년에는 최고인민법원이 인민조정에 관한 규정을 공포하여 인민조정 합의가 민사계약의 성격을 가진다고 규정함으로써 최초로 인민조정 합의에 대하여 법적 효력을 부여하기도 하였다. 최근 중국에서는 인민조정에 관한 법적 정비를 위해 인민조정법을 제정하고 2011년부터 시행에 들어갔다.

인민조정은 민간분쟁을 해결하는 대중적 자치조직인 인민조정위원회를 통하여 시행된다. 인민조정위원회는 중국의 헌법을 기초로 하

외국 ADR, 득이 되면 수입하자

여 민사소송법에 '인민조정위원회는 기층인민정부 및 기층인민법원의 지도 아래 민간분쟁을 조정하는 대중적 성격의 조직이다'라는 규정이 있고, 인민조해위원회조직조례에서는 '인민조정위원회는 촌민위원회 및 주민위원회 아래에 설치되는 민간분쟁을 조정하는 대중적 조직으로서 기층인민정부와 기층인민법원의 지도하에서 사업을 시행한다'고 하고 있다(이만희, 1993: 101-103).

　인민조정위원회에 관한 통칙에 따르면 인민조정위원회는 민사 분쟁 및 경미한 형사사건에 대한 조정을 수행하고 조정을 통해 법령과 정책을 교육한다고 되어 있지만, 인민조정위원회에 관한 조례에서는 통칙에 포함되어 있던 '경미한 형사사건'에 관한 조정을 삭제하였다. 이로써 형사사건에 대하여는 그 분쟁의 처리를 인민조정위원회에서 공안기관으로 소관을 변경한 것으로 볼 수 있으나, 현실적으로는 인민조정위원회와 공안기관에서 경합적으로 함께 처리하고 있는 것으로 알려진다(楊磊, 1990: 164). 인민조정위원회는 주민위원회나 촌민위원회를 기초로 하여 조직되지만 기업이나 사업단위로도 필요에 따라 설치할 수 있다. 인민조정은 한때 그 조직이 90만에 이르고 인민조정인은 약 800만 명 정도가 있었으나 점차 분쟁해결 건수는 감소하고 있다. 인민조정의 감소 이유는 산업화와 도시화에 따른 인구 유동성의 증가로 전통적인 인간관계를 기반으로 하는 인민조정제도가 약화되었고, 인민조정원의 낮은 자질에 따른 인민조정에 대한 신뢰도 저하, 조정제도를 구시대적인 것으로 생각하고 소송에 비해 권리 실현이 확실하지 않다는 생각의 확산, 인민조정의 법적 효력 부재, 입법화의 부진 등을 꼽기도 한다(허대원, 2012:, 335-338; 우광명, 2006: 118-120).

〈표 17〉과 같이 1992년부터 2004년까지의 통계 추이를 볼 때 민사소송의 접수 건수는 꾸준히 증가하였으나 인민조정 접수 건수는 반대로 지속적으로 감소하는 것을 볼 수 있다. 한편 2004년부터 2009년까지의 사이에 이전과 달리 인민조정의 접수 건수가 크게 증가한 것은 인민조정법의 입법 추진 배경과 함께 인민조정을 포함한 ADR 제도가 중국 전체에 주목을 받으면서 인민조정에 대한 재평가와 함께 활성화된 것으로 평가되고 있다.

〈표 17〉 인민조정 사건과 민사소송 사건 비교

	인민조정 접수	제1심 민사소송 접수	합계	인민조정 비율(%)
1992	6,173,209	1,948,786	8,121,995	76.0
1999	5,188,646	3,519,244	8,707,890	59.6
2004	4,414,233	4,322,727	8,746,960	50.5
2009	7,676,064	5,800,144	13,476,208	57.0

※ 연도별 중국법률연감을 참조하여 작성(허대원)한 것을 재인용함

2) 조정기관에서의 조정

법원조정이나 중재조정은 소송이나 중재절차에 부수적으로 하는

외국 ADR, 득이 되면 수입하자

혼합적 조정절차(Hybrid Conciliation Proceedings)인데 비하여, 조정기관에서 하는 조정은 순수한 의미의 독립적 민간조정으로서 '기관조정'(Institutional Conciliation)'이라고도 한다(Zheng Rungao, 2002: 4-5). 중국에서 가장 뚜렷한 민간조정기관으로는 1987년에 설립된 국제무역촉진위원회(CCPIT: China Council for the Promotion of International Trade)의 조정센터를 들 수 있다. 이는 '북경조정센터(Beijing Conciliation Center)'라고도 하는데 국제상거래와 해사 분쟁을 해결하기 위한 섭외조정기구이다. 1992년부터는 중국의 지방과 주요 도시에 40개의 지부 센터를 설치하였다. 한편 국제무역촉진위원회(CCPIT)는 1952년에 중국의 대외무역을 촉진하기 위해 설립된 가장 큰 기구로서 1988년에는 중국 정부의 승인하에 중국상업회의소(CCOIC: China Chamber of International Commerce)란 별칭을 가지고 있다.

중국의 조정센터들은 중국 전역에 걸쳐 조정서비스 네트워크를 형성하고 있다. 이 센터들은 국제사건을 주로 취급하며 중국의 무역과 투자 환경을 증대하기 위하여 국제거래 실무와 기준에 맞는 조정 서비스 체계를 구축하는 역할을 하고 있다. 이 조정센터들은 2001년도까지 3,000여 건의 사건을 취급하였으며 약 80%의 분쟁해결 비율을 보였다.

조정센터에서 하는 조정은 앞의 법원조정이나 중재조정과 비교해서 당사자의 자치가 더욱 중요시되며, 당사자가 합의하면 조정의 규칙을 변경할 수도 있고 일부 조항을 배제하거나 변경할 수도 있다. 조정 신청이 접수되면 센터의 조정위원 명부에서 당사자가 조정위원을 선임할 수 있고 선임된 조정위원은 당사자들로부터 접수된 진술서와 서류상 주장들을 검토하게 된다. 조정위원들의 권유로 화해가 성립하면 조정위원은 그 내용에 따라 조정안을 만들게 된다. 조정이 성립하지 못하면 조정 절차에서 언급된 사항들이 속개된 중재절차에서는 증거로 사용될 수 없다. 하지만 조정위원들이 속개되는 중재절차에서 중재위원으로 활동하는 것은 허용된다(이만희, 1993: 109-111).

조정센터에서 하는 조정합의는 민사계약의 성격을 가지며, 직접적으로 집행력을 갖는다는 법적인 근거는 찾아보기 어렵다. 대신 양 당사자가 조정안을 법원에 제출하여 사법확인을 받거나, 중재기관에 제출하여 중재 판정문을 받는 방식으로 집행력을 확보할 수 있는 방안이 있다(김중년, 2015: 177). 북경조정센터는 최근에 독일의 함부르크 조정센터와 함께 국제상거래와 해사분쟁 해결을 위한 공동보조를 맞추기 위하여 약정을 체결하여 합동조정을 시행하고 있다.

3) 중재기관에서의 조정

중재절차 중에 시행되는 조정은 중국의 조정을 중시하는 오랜 전통이 녹아 있는 특수한 절차이다. 중국의 중재인들은 중재를 시행하는 도중에 조정을 해서 해결할 수 있으면 조정을 하려고 한다. 이는 결국 중재절차의 일환이며 '중재조정(Arbitration-Conciliation)'이라

외국 ADR, 득이 되면 수입하자

고도 일컬어진다. 중국의 중재법에는 중재절차가 진행되는 중에 시행되는 조정에 대한 규정을 두고 있다. 따라서 중국의 중재판정부는 중재를 진행하다가 당사자들이 조정을 원하는 경우에는 조정을 시행할 수 있다. 당사자들이 분쟁에 대하여 합의안에 서명하면 중재판정부는 조정안을 작성하거나 당사자의 합의안에 근거한 중재판정을 내릴 수 있다. 중재조정 절차에서 합의를 도출해 내지 못하는 때는 그 절차에서의 발언, 제안, 인정, 거절된 내용에 대하여 후속의 중재절차나 재판절차에서 원용하거나 주장의 근거로 될 수가 없다.

중재기관에 의한 조정을 시행하는 주요 기관으로는 중국국제경제무역중재위원회(CIETAC: China International Economic and Trade Arbitration Commission)와 중국국제해사중재위원회(CIMAC: China Maritime Arbitration Commission)가 있다. 두 기관은 국제상거래와 해사분쟁에 대한 해결을 위해 당사자들이 조정을 의뢰하면 양 기관의 중재위원들에 의해 조정이 시행된다. 조정이 성립되지 않으면 해당 조정위원이 속개되는 중재절차에서 중재위원으로 활동할 수 있다. 조정이 성립되면 중재판정부는 구성되지 않으며 사건은 종결 처리된다. 만일 중재판정부의 구성 후에 당사자가 조정을 요청하는 경우에는 중재절차가 진행되는 동안에 중재판정부에 의해 조정이 시행된다. 조정이 성립되면 중재판정부는 합의한 내용에 따라 중재판정을 하게 된다.

이러한 중재와 조정의 결합 방식은 조정을 시행할 때의 신뢰성이나 객관성 부족으로 인한 후속의 중재절차에서의 문제가 있을 수 있고 조정인과 중재인을 겸함으로써 발생할 수 있는 역할 상의 혼동 같은 문제점이 있기는 하지만, 융통성 있는 절차를 비롯하여 자발적 합의 과정에 근거한 최종성(finality)과 강제집행력으로 인한 높은 집행률, 절차의 결합으로 인한 비용 절감, 우호적인 분위기 등과 같은 장점을 가지고 있다(오원석, 이경화, 2013: 101-104).

(2) 중재제도의 개혁과 성과

1) 중재제도의 발전과정

중국 중재제도의 초기는 1933년의 중화소비에트노동법에서 출발한 노동분쟁의 해결에 적용하면서 발달하였다(우광명, 2006: 121-122). 국제상사중재의 시작은 신중국 성립 이후라 할 수 있는데, 1956년에 CIETAC의 전신인 중국국제무역촉진위원회 대외무역중재위원회가 설립되고 1959년에는 중국국제무역촉진위원회 해사중재위원회가 설립되어 각각 국제경제무역과 국제해사 분쟁사건의 중재를 담당하게 되었다. 1970년대에 중국은 대외경제 개방정책을 표방하고 시민경제의 원리를 도입하여 경제가 발전해 감에 따라 경제계약분쟁, 기술계약분쟁, 부동산분쟁, 지적재산권분쟁, 농촌도급계약분쟁에 대한 중재 등 국내 중재제도를 단계적으로 발전시켜 갔다(김호, 2008: 101-104).

외국 ADR, 득이 되면 수입하자

초기의 중재제도는 행정수단을 통하여 경제계약분쟁을 해결하는 수준에 머물다가 계획경제로부터 개혁개방과 상품경제로의 전환을 추진하면서 법규와 조례가 정비되었는데 계약 관련 중재기관에 중재 신청을 하여 중재판정에 불복이 있으면 그 중재에 대한 재심의 신청이 가능하고 재심결과에도 불복하는 경우 다시 인민법원에 소를 제기할 수 있었다. 그 후 경제계약법과 경제계약중재조례가 시행되면서는 중재를 1회의 판정만으로 한정하여 중재의 재심을 허용하지 않는 대신 인민법원에 소를 제기하는 것은 허용하는 단계가 되었다. 1986년에는 국제상사중재의 국제적 기준에 부응하기 위하여 전국인민대표대회상무위원회에 의해 뉴욕협약 가입을 위한 비준이 이루어졌다. 1991년 민사소송법이 시행되면서는 중재판정의 최종성(finality)을 인정하여 중재판정에 대하여 재심을 허용하지 않을 뿐만 아니라 인민법원에도 소를 제기하지 못하게 하였다.

1994년 중재법을 제정한 이후에는 국제중재를 특별규정으로 하는 동시에 국내중재를 행정중재로부터 민간중재로 전환하고 중재의 사적 자치의 원칙과 독자성을 보장하는 단계로 발전하였다. 1994년 중재법은 중재에 관한 최초의 단행법이자 현대적 중재제도의 채택을 표방하였는데, 이 중재법의 시행으로 국내중재에 대한 개혁이 단행되었다. 당사자의 자유의사를 중시하고 과거의 강제중재제도는 폐지하였으며, 중재기관과 행정기관 사이의 예속관계를 분리하고 독립적이며 새로운 중재위원회를 창설하는 것이었다.

2) 중재기구

중국국제경제무역중재위원회

중국국제경제무역중재위원회(CIETAC)는 중국 최초로 설립된 국제상사중재기구이다(http://www.cietac.org). 1956년 설립 당시 명칭은 대외무역중재위원회(对外贸易仲裁委员会)였고, 1980년 대외개방정책 이후 국제경제무역관계에 대한 대응을 위해 대외경제무역중재위원회(对外经济贸易仲裁委员会)로 개칭하였다가 1988년 현재의 명칭으로 변경하였으며, 2000년 10월 1일부터 중국국제상회중재원(中国国际商会仲裁院)이라는 명칭을 같이 쓰고 있다. 본부는 북경에 있고 심천과 상해, 중경 등에 분회(지부)와 함께 연락사무소를 두고 있다. 본부나 분회에서는 실제 중재 및 조정 등의 업무를 수행하나 연락사무소는 중재상담, 심리 준비, 연구, 기타 업무만을 수행한다. 한편 중국은 2012년에 홍콩의 국제 경제적 지위를 고려하여 처음으로 중국 본토를 벗어난 CIETAC의 지부로서 CIETAC 홍콩중재센터(CIETAC HK: Hong Kong Arbitration Center)를 설립하였다.

1956년에 대외무역중재위원회중재절차잠정규칙을 제정한 이후, 1988년에는 새로운 중재규칙을 제정하여 중국의 국제 경제적 발전과 중재업무의 변화를 반영하여 2012년까지 6차에 걸쳐 개정하였다(이홍숙, 2013: 98-99). 2012년 개정에는 최신의 국제상사 발전 추세와 보조를 맞추기 위하여 '합병중재', '절차 중지', '분쟁의 대상인 실체에 적용될 준거법의 결정', '간이절차가 적용될 수 있는 분쟁 금액의 기준을 50만 위안 미만에서 200만 위안 미만으로 설정' 등의 내용이 추가되거나 개정되었다.

그 후 2014년에 중재실무의 발전에 부응하기 위해 CIETAC 중재규칙의 개정이 다시 이루어졌다(CIETAC, 2014: 43-48). 2014년 개정의 주요 내용은 다음과 같다. 중재사건을 관리하기 위한 중재법원을 설립하고 사무처는 순수한 행정기능만을 하도록 업무를 조정하였다. 다중계약(Multiple Contracts)과 당사자 추가를 위한 규정을 도입하였다. 이는 중재의 합병에 관한 규정을 보완함으로써 중재 효율을 높이기 위한 것이었다. 간이절차를 위한 분쟁금액 한도를 2백만 위안에서 5백만 위안으로 높여서 간이절차는 분쟁금액이 500만 위안 미만인 경우에 적용하게 하였다. CIETAC의 국제적 특성을 강화하기 위하여 중재규칙에 CIETAC 홍콩중재센터에 관한 특별 장을 두었다. 이는 다분히 중국 중재제도가 개방성과 국제성을 가지고 있음을 과시하기 위한 것이었다. 또 국제중재의 새로운 경향을 반영하여 중재판정부가 구성되기 전에 요구되는 긴급구제의 필요성을 위하여 긴급중재절차를 도입하였다. 그 밖에 중재인의 권한을 강화하고 속기사 규정을 두는 등의 보완을 하였다. 2014년의 개정은 CIETAC의 국제중재기관으로서의 위상과 신뢰성을 보다 확고히 하려는 노력의 일환으로 판단된다.

CIETAC의 중재인 명부에는 2016년 기준으로 1,212명이 등록되어 있으며, 그중 약 300명 정도가 외국 중재인이다. 1986년에는 외국중재판정의 승인과 집행에 관한 국제협약(뉴욕협약)에 가입함으로써 호혜주의 원칙하에 중국 법률에 의하여 계약성 또는 비계약성 상사 법률관계에 속한다고 인정하는 분쟁의 발생에 대하여 본 계약을 적용한다고 하였다.

CIETAC은 점차 국제무역 분쟁을 공평하고 합리적으로 해결하는 중재기관으로서 국제적 신뢰를 얻어 감에 따라 처리 사건 수도 증가하고 있다. 〈표 18〉과 같이 1985년에 국내와 국제사건을 포함하여 37건에 불과하던 중재사건 접수 건수는 4년 후인 1989년에 524%가 급증하였고, 1990년대와 2000년대에 들어서 지속적으로 증가하였다. 2000년대에 들어서는 1,000건 근처에서 변동성을 보였으나 2009년에는 1,000건을 크게 돌파하였으며(실제는 1,118건이 접수된 2007년에 처음으로 돌파함), 2007년 이후 꾸준히 1,000건이 넘는 중재 사건 접수가 이어지다가 2016년에는 2,181건으로서 2천 건을 넘겼다.

〈표 18〉 중국국제경제무역중재위원회의 사건 접수 추이

	1985	1989	1993	1997	2001	2005	2009	2013	2016
접수	37	231	486	723	731	979	1,482	1,256	2,181
증가율(%)	–	524	110	49	1	34	51	–15	2,111

※ 중국국제경제무역중재위원회(CIETAC) 홈페이지 참조하여 작성(이하 같음)

외국 ADR, 득이 되면 수입하자

중재사건의 접수와 치리에 관한 최근의 추세를 보면, 〈표 19〉와 같이 2007년에 1,000건을 넘은 이후 2011년에는 1,500건에 근접하였으며, 2012년의 처리 건수를 제외하고는 지속적으로 연간 평균 1,000건 이상의 중재 사건을 접수·처리하고 있다. 특히 2015년에는 1,968건의 중재사건을 접수하여 2천 건에 근접하다가 설립 60주년이 되는 해인 2016년에는 2천 건을 돌파하였다.

〈표 19〉 중국국제경제무역중재위원회의 접수 및 처리 사건 수

	2007	2008	2009	2010	2011	2012	2013	2014	2015	2016
접수	1,118	1,230	1,482	1,352	1,435	1,060	1,256	1,610	1,968	2,181
처리	1,051	1,097	1,329	1,382	1,282	720	1,043	1,432	1,821	2,111

CIETAC의 국제중재기관으로서의 위상을 살펴보기 위해 최근의 국제중재 사건의 접수 추세를 보면, 〈표 20〉과 같이 2001년에 562건을 기록한 이후 2010년까지 400건을 넘던 국제사건 수가 2013년에는 375건으로 400건에 미치지 못하는 등 감소 추이에 있다가 2016년에는 483건으로 증가하였다. 한편 CIETAC의 국내중재 사건은 2001년에 169건을 접수하였고 3년 후인 2004년에는 130%가 증가한 388건이었다. 그 후 지속적으로 증가 추세가 이어져서 2010년에는 1,000건에 육박하였으나 2013년에 6%가 감소하였다가, 2016년에는 1,698

건으로 다시 크게 증가하였다. 이상으로 볼 때 국제중재 사건 접수는 2001년도 이후 2016년도까지 400건 전후로 큰 변화가 없지만, 국내 중재 사건의 접수는 2001년도에 200건을 하회하였던 것이 2016년도 에는 1,700건 근처에 달하여 크게 증가하고 있음을 알 수 있다.

〈표 20〉 중국국제경제무역중재위원회의 국제중재 사건 접수 추이

	2001	2004	2007	2010	2013	2016
국제사건 접수	562	462	429	418	375	483
증가율(%)	–	–18	–7	–3	–10	29
국내사건 접수	169	388	689	934	881	1,698
증가율(%)	–	130	78	36	–6	93

CIETAC은 2000년에 도메인 네임 분쟁해결센터(the Domain Name Dispute Resolution Center)를 국제무역촉진위원회 (CCPIT)의 승인을 얻어 설치하였다(http://dndrc.cietac.org). 동 센터는 지적 재산권과 정보기술 분야에 분쟁이 발생하였을 때 대체 적 분쟁해결 서비스를 제공하고 있다. 이는 도메인 네임 분쟁해결 절 차를 온라인으로 시행하는 CIETAC의 온라인 분쟁해결기관으로서 의 역할도 하고 있다. 조직 구성은 위원장과 두 명의 부위원장이 있으 며, 사무처가 있다.

외국 ADR, 득이 되면 수입하자

중국해사중재위원회

중국해사중재위원회(CMAC: the China Maritime Arbitration Commission)는 중국국제상업회의소 내에 설립되어 해사, 해상, 물류 분쟁을 해결하는 ADR 기관이다(http://www.cmac-sh.org). 본부는 북경시에 있고 상해 분회가 설치되어 있으며 산하에는 광주, 천진 등의 연락사무소와 사무처가 있다. 조직은 주임과 부주임, 위원으로 구성되어 있으며 산하에 전문가자문위원회, 사례편집위원회, 중재원자격심사위원회 등 3개의 전문위원회가 있다.

CMAC은 2000년에 총 4장 85개 조문으로 중재규칙을 제정한 이래, 최근 2014년에 CIETAC 중재규칙의 개정과 함께 개정하여 현재에 이르고 있다. 2014년의 개정에서는 CIETAC처럼 중재법원을 설립하여 사무처와 업무를 재조정하고, 역시 CMAC 홍콩중재센터에 관한 특별장을 두었으며, 당사자 자치와 중재인의 권한을 강화하였다. 그 외 중재사건의 합병, 구두심문의 병합, 긴급중재절차에 관한 규정들을 보완하였다. CMAC의 중재규칙의 개정도 국제해사중재기관으로서의 위상 제고와 신뢰도를 대내외에 과시하기 위한 노력이라고 볼 수 있다.

CMAC의 중재인은 해상·보험·법률 등의 분야에서의 실무 경험과 지식이 있는 전문가를 대상으로 중재인을 선임한다. 2014년에 CMAC은 중재인 패널을 대대적으로 개편하였다. 2014년 기준으로 279명의 중재인 명부를 보유하고 있는데 그중 중국인 중재인은 200여 명이며 홍콩, 마카오를 비롯하여 외국 국적의 중재인은 65명이다. 2008년 기준으로 CMAC의 사건 접수 건수는 60건이었고, 처리는 41건에 그쳤으나(CIETAC Newsletter, 2008), 꾸준히 증가하여 2008년부터 2013년까지의 누적 사건 접수는 491건이었다. 특히 2013년에는 137건으로 사상 처음으로 한 해에 100건을 돌파하기도 하였다(http://www.cmac-sh.org).

중재위원회

1994년에 중재법을 제정하면서 중국은 민간적 성격과 행정적 성격을 갖는 중재를 하나로 통일하기 위하여 행정중재제도를 폐지하고 비교적 큰 도시에 중재위원회(Arbitration Commission)를 설립하였다. 중재법 제정 이전에는 국제중재는 CIETAC과 CMAC만이 가능하였으나 법 제정 이후로는 지방에 산재해 있는 이러한 중재위원회도 국제중재를 처리할 수 있게 되었다. 이는 중국의 기업과 거래하기 위해서는 이와 같은 중재위원회에 대해서도 이해를 제대로 할 필요가 있다는 것을 의미한다.

중재위원회는 기구 수에 있어서나 사건처리 수에 있어서 급속하게 성장하였는데, 2000년에는 전국 160개 기구에서 총 9,577건의 중재사건을 처리하였던 것이 2003년에는 26,000건을 넘어섰다. 이어서 2009년에는 전체 202개 기구에서 74,811건으로, 2014년에는 전체 235개 기구에서 113,660건으로, 2016년에는 전체 251개 기구에서

외국 ADR, 득이 되면 수입하자

208,545건으로 비약적으로 증가하였다(정용균·이승석, 2010: 206-207; 왕홍송, 2004: 32-34; http://www.cietac.org). 중재위원회가 분쟁해결을 위해 처리하는 사건 수는 지역별로 차이가 크다. 무한, 광주, 중경, 북경, 상해 등은 사건처리가 비교적 활발하고, 연간 중재 사건처리 수가 1천 건을 넘는 곳이 전체 10여 군데이지만 50건 미만의 중재위원회도 상당수에 이르고 있다. 2016년에는 500건 이상의 중재위원회가 76개에 달하였다. 경제 성장이 가속화되는 지역일수록 그에 따른 분쟁과 중재 사건이 많은 것으로 보인다.

그중 가장 규모가 큰 북경중재위원회(Beijing Arbitration Commission)는 1995년에 설립되었고 자체의 중재규칙과 조정규칙을 가지고 있으며, 2016년 3월 기준으로 위원장 1명, 부위원장 4명, 위원 10명과 사무국으로 구성되어 있다 (http://www.bjac.org.cn). 위원회 위원은 법률, 경제·무역 분야의 전문가 중에서 선임된다. 북경중재위원회는 국제중재 사건을 처리할 수 있지만 대부분 국내분쟁 사건을 처리한다. 설립된 1995년에는 7건의 중재 사건 접수에 그쳤으나, 2003년에는 1,000건이 넘는 중재 사건 접수가 있었고 2007년에는 접수한 사건이 1,863건에 달하였으며, 2009년에는 1,830건의 중재 사건이 처리되었다. 2012년에 접수된 사건 수는 1,473건이었는데 이 중 국제상사중재 사건은 26건이었으며, 북경중재위원회가 중재 사건에 대하여 중재판정부를 구성하여 심결까지 걸리는 기간은 평균 70일 미만이다.

북경중재위원회에는 2016년 3월 기준으로 506명의 중재인이 있으며, 대학과 연구기관의 전문가, 경험이 풍부한 변호사, 정부의 고급 관리, 퇴직 법관과 검찰 등으로 선임한다. 북경중재위원회의 중재판정부는 독립적으로 중재를 하며 중재위원회는 그 판정에 대해 어떤 영향도 미칠 수 없다. 중재판정부의 의견 불일치가 있거나 다른 전문적 의견을 참고하기 위해 전문가위원회를 구성할 수 있지만 전문가위원회의 의견에 중재판정부가 반드시 구속되는 것은 아니다(신군재·김경배, 2004: 222).

외국 ADR, 득이 되면 수입하자

홍콩의 ADR 제도

홍콩은 영국의 식민지로서 오랜 역사가 있었기 때문에 법원제도나 분쟁 해결에 적용되는 절차가 영국법의 영향을 많이 받았다. 1997년 영국으로부터 중국으로 영토가 반환된 이후에도 중국의 특별행정구역으로서의 홍콩은 어느 정도 변화는 있었지만 기존의 사법적 시스템이 기본적으로 유지되었다.

홍콩에서 조정 서비스는 1985년에 설립된 홍콩국제중재센터(HKIAC: the Hong Kong International Arbitration Center)에서 시행하고 있다. HKIAC는 홍콩 정부의 조정규칙과 HKIAC 조정규칙에 입각하여 조정을 시행한다(Michael Pryles, 2006: 116). 조정은 보통 한 명의 조정인에 의해 이루어지는데, 당사자의 동의가 없으면 3개월 이내에 조정을 마쳐야 하고, 조정이 성립되면 계약서에 그 합의된 내용이 기록된다.

홍콩중재법(the Arbitration Ordinance)은 영국중재법을 모델로 하여 1963년에 제정되었다. 1992년에는 UNCITRAL 모델법의 원리들을 반영하기 위하여 동 법의 개정이 있었다. 최근 2011년에는 이를 다시 개정하여 UNCITRAL 모델법을 기반으로 국내중재와 국제중재를 통일적으로 규율하도록 중재법을 개혁하였다. 이 중재법은 지나친 비용을 들이지 않고 공정하고 신속한 분쟁해결을 촉진하기 위해 당사자 자치를 최대한 보장하고 중재에 대한 법원의 간섭을 줄이고자 하였다.

홍콩의 ADR 기관은 홍콩국제중재센터(HKIAC)를 비롯하여 그 예하 조직인 홍콩조정위원회(Hong Kong Mediation Council), HKIAC 조정인인증위원회(HKIAC Mediator Accreditation Committee)와 홍콩조정인증협회(HKMAAL: Hong Kong Mediation Accreditation Association Limited)를 비롯하여, 1996년에 설립되어 조정과 중재의 홍보, 중립인 교육, 중립인 윤리규정 연구, ADR법 개혁 등의 역할을 하는 홍콩중재인협회(HKIArb: Hong Kong Institute of Arbitrators), 1999년에 설립된 홍콩조정센터(HKMC: Hong Kong Mediation Centre) 등이 있다.

그중에서 홍콩국제중재센터(HKIAC)는 홍콩 정부와 경제단체의 지원으로 설립된 비영리기관으로서 중재·조정·도메인 네임 분쟁해결·어쥬디케이션(Adjudication) 등의 서비스를 제공하는데, 최근의 분쟁해결 실적을 보면 〈표 21〉과 같다. 2009년까지 지속적으로 성장하던 HKIAC의 분쟁

외국 ADR, 득이 되면 수입하자

해결 실적은 2009년을 정점으로 감소하는 추세에서 크게 벗어나지 못하고 있음을 알 수 있다. 특히 도메인 네임 분쟁해결 건수를 제외한 중재나 조정을 통한 분쟁해결 건수는 연례적으로 300건에 미치지 못하고 있다. 이러한 추세는 CIETAC을 비롯하여 중국 본토의 분쟁해결기관들의 약진과 관계가 있는 것으로 보인다.

〈표 21〉 최근 홍콩국제중재센터의 분쟁해결 실적

	2007	2008	2009	2010	2011	2012	2013	2014	2015	2016
분쟁해결 건수	448	602	649	624	502	456	463	477	520	460
증가율(%)	13.7	34.4	7.8	−3.9	−19.6	−9.2	1.5	3.0	9.0	−11.5

※ http://www.hkiac.org 참조하여 작성
※ 분쟁해결 건수는 중재, 조정, 도메인 네임 분쟁해결 등 모든 서비스를 포함한 수치임

싱가포르의 ADR 제도

1. 싱가포르의 ADR 발전과정

싱가포르는 최근 들어 많은 변화를 보이고 있지만 기본적으로는 영국법에 그 뿌리를 두고 있다. 싱가포르의 법원은 ADR의 이용을 많이 권장하며 특히 조정을 활발히 사용하고 있다. 싱가포르에서 ADR운동은 1994년에 법원과 대학들이 분쟁해결 수단으로 조정을 권장하는 프로그램을 시작하면서부터이다. 이러한 운동에 박차를 가한 것은 Young Pung How 대법원장이었다. 그는 재판 없이 분쟁을 해결하기 위하여 민사 절차에 커다란 변화가 필요하다고 보고 법원 내에 조정의 도입을 이끌었다. Young Pung How 대법원장이 재판 직전의 마지막 순간에 사건이 해결되는 경우가 많다는 점을 경험에 의해 적시한 것이 계기가 되어 대법원에서의 재판 전 협의(PTC: pre-trial conference)제도도 시행되었다. 싱가포르의 대법원과 하급법원들은 민사소송 절차의 개정과 사건관리시스템을 통해 사건처리의 지연과 소송 대기 시간을 줄이는데 기여하였다(Michael Pryles, 2006: 388-392). 또한 하급법원에서는 1994년부터 법원분쟁해결(CDR: Court Dispute Resolution)이라는 법원기반의 조정을 도입하였다.

가정법원은 1995년에 설립되었는데 이혼 사건에 조정을 이용하기도 하였다. 하급법원은 1996년에 동료조정 프로그램(Peer Mediation Programme)을 착수하기도 했는데, 이것이 발전하여 2000년도에는 교육부 주관으로 1천명의 학생들과 254명의 교사들이 동료조정훈련 프로그램에 참여하기도 하였다. 1996년에는 부모부양법(the Maintenance of Parents Act)이 공포되었는데, 부모의 부양과 관련된 분쟁도 조정에 회부할 수 있게 하였다. 1997년에는 싱가포르 조정센터(SMC: the Singapore Mediation Centre)가 설립되었다. 1998년에는 주민조정센터법(the Community Mediation Centres Act)에 기반한 주민조정센터(the Community Mediation Centres)가 출범하였으며, 주민분쟁해결은 법무부의 ADR과에서 인정하는 풀뿌리 리더들에 의해 수행되며 경찰·국회의원·지역사회 리더들로부터 사건이 회부된다.

2. 싱가포르의 조정제도

~~~~~~

싱가포르에서 조정은 완전히 새로운 개념은 아니다. 영국의 법체계가 도
입되기 전부터 분쟁이 생기면 아시아의 많은 나라가 그렇듯이 마을의 원로
에 의해 조정되거나 해결되는 오래된 전통이 있어 왔다.

싱가포르에는 세 가지 종류의 조정이 있다.

첫째는 법원조정제도(Court-based mediation)이다. 이는 1994년에
실험적으로 실시되다가 1995년에는 법원조정센터(the Court Mediation
Center)가 설립되었다. 이후 1998년에는 제1차분쟁해결센터(PDRC: the
Primary Dispute Resolution Center)로 명칭이 변경되었다. 1999년
부터는 온라인 조정도 제공하고 있다. 법원은 법원 ADR로서 조정, 중재,
중립평가(Neutral Evaluation) 등의 옵션을 마련하고 분쟁 당사자의 비
용 절감, 비밀유지, 절차의 신속성, 사건 종료 후의 상대방과의 관계유지
등 자신의 주요 관심 사항을 고려하여 그 옵션 중에서 선택하도록 안내하
고 있다. 싱가포르에서의 법원조정은 무료로 제공된다.

둘째는 1990년대 중반에 조정운동과 함께 발전한 사적 조정(private
mediation)이다. 이는 싱가포르조정센터(SMC: the Singapore
Mediation Centre)에서 주로 행해진다. 싱가포르조정센터는 2017년
에 538건의 조정 사건이 접수되었고, 분쟁 가액은 27억 달러에 달하였
다(http://www.mediation.com.sg). 또 조정 외에 중립평가(Neutral

외국 ADR, 득이 되면 수입하자

Evaluation), 협동적 가족 실행(CFP: Collaborative Family Practice), 어쥬디케이션 및 도메인 네임 분쟁해결 서비스(SDRP: Adjudication and Singapore Domain Name Dispute Resolution Services) 등 다양한 ADR방식을 제공한다.

셋째는 정부기관이나 산업기반의 조정으로서 주민조정센터(the Community Mediation Centres)나 부모부양법정(the Tribunal for the Maintenance of Parents와 the Consumers' Association of Singapore) 등에서 시행된다. 그 외 금융분쟁해결센터(Financial Industry Disputes Resolution Centre)에서도 소비자와 금융기관 사이의 분쟁에 대하여 조정 서비스를 제공하고, 싱가포르 감정평가원 (Singapore Institute of Surveyors and Valuers)은 부동산과 건설 분쟁을 조정한다.

3. 싱가포르의 중재제도

싱가포르의 중재는 중재의 성격에 따라 다른 법이 적용된다. 국제중재는 국제중재법(the International Arbitration Act)의 적용을 받으며, 싱가포르가 중재지인 경우와 국제중재법 Part Ⅱ가 적용되지 않는 경우에는 중재법(the Arbitration Act 2001)이 적용된다(Michael Pryles,

2006: 398-399). 이와 같은 이중적인 법체계는 국제중재의 경우 법원의 개입을 최소화하려는 국제적인 경향을 따르되, 국내중재의 경우에는 상대적으로 법원의 개입이 더 필요한 부분이 있거나 법원의 감독하에 중재가 더 원활하게 이루어질 수 있다고 믿기 때문이다.

싱가포르 중재법에 의하면, 중재합의의 당사자들이 법의 선택을 우선적으로 하도록 하고 중재 판정부는 그 선택된 법에 따라 분쟁을 결정하여야 한다. 또 중재를 위해 법원 절차를 중지할 것을 법원에 요청할 수 있도록 허용하고 있다. 당사자는 중재인의 수나 중재인 선정 절차 및 중재절차를 자유롭게 합의하여 결정할 수 있으며, 중재인은 당사자가 반대하지 않는 한 국적에 상관없이 될 수 있게 하고 있다. 법원은 당사자의 신청으로 중재절차 과정에 발생하는 법률문제에 대해서 결정할 수 있고, 외국 중재판정은 뉴욕협약을 인정하는 국제중재법 하에서 법원의 허가를 얻어 집행할 수 있다.

싱가포르의 중재기관으로는 싱가포르 국제중재센터(SIAC: Singapore International Arbitration Centre)를 비롯하여 싱가포르 해사중재회의소(SCMA: Singapore Chamber of Maritime Arbitration), 싱가포르 중재인협회(SIArb: Singapore Institute of Arbitrators) 등이 있다.

외국 ADR, 득이 되면 수입하자

싱가포르 국제중재센터

싱가포르 국제중재센터(SIAC)는 비영리단체로서 1991년에 설립되었다. 아시아의 국제상사 분쟁의 원만하고 중립적이며 효율적인 해결을 위한 ADR 기관을 지향하고 있다(http://www.siac.org.sg). 조직으로는 이사회와 중재법원 및 사무처를 두고 있고, 중재규칙을 운용하고 있다. SIAC은 21014년 기준으로 260여 명의 중재인 명부를 유지하고 있는데, 이 중 싱가포르 중재인은 119명이고 영국(53명), 홍콩(19명), 미국(18명), 중국(18명) 등 외국 국적의 중재인도 다수 확보되어 있다. 이와는 별도로 SIAC은 지적 재산권 분쟁해결을 위해 14명의 중재인 명부를 유지하고 있다. 2013년에는 인도의 뭄바이에 해외 사무소를 설립하였는데, 이는 SIAC의 중재사건에서 인도 당사자가 차지하는 비율이 가장 높았던 추세를 반영하는 결과였다.

SIAC이 취급한 중재 사건의 연도별 추이는 〈표 22〉와 같다. 2008년까지 100건 미만에 머물던 중재사건 수가 2009년에 160건으로 급격히 증가하였고, 2012년에는 200건을 훌쩍 돌파하였으며 그 후 200여 건에 머물던 것이 2016년에 이르러서는 300건을 넘어서는 등 상당한 신장세를 보이고 있다. 이는 앞에서 홍콩국제중재센터(HKIAC)가 2009년을 정점으로 감소하는 추세에서 크게 벗어나지 못하고 있는 경향과 대비되는 현상으로, 싱가포르가 아시아의 국제중재 중심지로 부상하고 있음을 알 수 있다.

<표 22> 싱가포르 국제중재센터(SIAC)의 중재 사건 취급 수

	2007	2008	2009	2010	2011	2012	2013	2014	2015	2016
접수	86	99	160	198	188	235	259	222	271	343
증가율	−4.4	15.1	61.6	23.8	−5.1	25.0	10.2	−14.3	22.1	26.6

※ http://www.siac.org.sg 참조하여 작성

싱가포르 해사중재회의소

싱가포르 해사중재회의소(SCMA)는 해사분쟁과 관련된 해사중재를 제공하기 위하여 2004년에 설립되었으며, 원래 SIAC의 소속으로 되어 있었으나 2009년에 독립하였다(http://www.scma.org.sg). 조직으로는 이사회와 사무처가 있다. 해사중재는 SCMA 규칙과 함께 싱가포르 국제중재법이 적용된다.

싱가포르 중재인협회

싱가포르 중재인협회(SIArb)는 1981년에 설립된 중재인단체로서 ADR 교육과 홍보, 중재 기법 개발, 중립인의 전문성 및 윤리의식 제고 등을 목표로 활동하고 있다.

맥스웰 회의소

그 밖에 맥스웰 회의소(Maxwell Chambers)가 있는데, 이는 분쟁해결 복합회의소로서 분쟁해결을 위한 심리실을 제공하거나 국제적 ADR

외국 ADR, 득이 되면 수입하자

기관의 회의 및 세미나 등의 활용 장소로 이용되고 있다. 주로 국제적 중재기관의 심리장소로 이용된다. 싱가포르 경제 중심지에 위치하고 있어 이용자의 편의를 제공하고 있다.

말레이시아의 ADR 제도

말레이시아와 인도네시아의 ADR 관련 법령과 제도에 대한 설명은 필자가 직접 양국을 방문하여 관계자와의 면담과 그들로부터 수집한 자료에 주안점을 두어 정리하였다. 말레이시아의 ADR은 주로 조정을 의미하지만 ADR이나 조정에 대한 국민들의 이해도가 그리 높지 않아서 실제 활용도는 그리 높지 않다고 한다. 말레이시아 국민들은 조정절차를 일종의 협상으로 생각하며, 이중으로 비용을 소비하는 것보다는 처음부터 중재를 활용하여 확실한 판정을 얻어내는 것이 더 효율적이라고 생각하는 경향도 있다(류창호, 2007: 51-53). 말레이시아 정부는 ADR에 대한 국민들의 이해를 높이기 위해 꾸준히 홍보와 교육을 실시하고 있다.

말레이시아의 ADR 관련법으로는 1950년의 영국중재법을 모방하여 1952년에 중재법(The Arbitration Act of 1952)을 제정하였다. 말레이시아에서는 국내중재와 국제중재의 적용이 달랐다. 국내중재는 1952년

외국 ADR, 득이 되면 수입하자

의 중재법이 적용되고, 국제중재는 국제상업회의소(ICC) 규칙, 런던상사 중재원(LCIA) 규정, UNCITRAL 규칙 등 당사자가 원하는 것을 합의하여 적용할 수 있었다. 그 후 말레이시아 중재법은 2005년에 뉴질랜드 중재법과 UNCITRAL 모델법을 참조하여 새로운 중재법 개혁의 일환으로 2005년 중재법(The Arbitration Act of 2005)으로 재탄생하였으며, 이는 2011년에 다시 개정됨으로써 보다 중재 친화적이고 법원의 간섭을 줄이게 되었다.

그 외 2012년의 건설산업 지불 및 어쥬디케이션법(Construction Industry Payment & Adjudication Act 2012)이 있다. 여기에서 말레이시아에는 어쥬디케이션(adjudication)이라는 분쟁해결 방식을 법제화하고 있는데, 주로 건설 분야의 건설계약에서 공사를 중단함이 없이 발생 비용의 규칙적이고 적시적인 지불을 촉진하고 신속한 분쟁의 해결을 위해 사용되는 ADR 방식이다. 이는 영국의 주택보조건설부흥법(The Housing Grants, Construction and Regeneration Act 1996)의 영향을 받은 것으로 보인다.

건설산업 지불 및 어쥬디케이션법은 서면으로 되어 있는 건설계약에 적용되는데 4층 미만의 건물이나 완전히 개인 자신의 거주를 목적으로 하는 건물에는 적용되지 않는다(동 법 제2조 및 제3조). 건설계약에서 비용을 받지 못한 당사자는 비용 지불 의무가 있는 상대에게 분쟁의 내용과 요구 사항을 적은 서면으로 어쥬디케이션(adjudication) 고지를 함으로써 절차가 시작되게 된다. 어쥬디케이션 결정의 의뢰를 받은 어쥬디케이터 (adjudicator)는 상대방의 답변이 있은 지 45일 이내에 결정하거나 당사자가 합의한 기간 안에 결정하게 되는데, 그 결정은 서면으로 하여야 하며 당사자가 안 해도 된다고 하지 않는 이상 결정 이유를 명시하여야 한다(동법 제12조). 그 결정은 고등법원(the High Court)에 의해 취소되거나 당사자가 서면 동의로 해결을 하였을 경우, 또는 궁극적으로 중재나 판결에 의해서 해결되는 경우 외에는 구속력(binding)을 갖는다고 되어 있다(동법 제13조). 하지만 중재나 법원의 판결에 의해 최종적으로(finally) 결정될 수 있다는 점에서 실질적으로 최종성을 갖는 구속력이 있는 것은 아니라고 볼 수 있다. 따라서 이 절차는 어쥬디케이터의 결정으로 건설 사업이 사전에 계약된 내용대로 준수할 수 있게 유도하는 효과를 갖는다. 어쥬디케이션 결정에 대한 집행은 고등법원에 집행명령을 신청하여 시행된다(동법 제28조).

말레이시아의 대표적인 ADR 관련 기관은 쿠알라룸푸르아시아지역중재센터(Klrca), 말레이시아조정센터(the Malaysian Mediation Centre)가 있고, 정부기관에서 운영하는 법률지원국(Legal Aid Bureau), 독자적으로 민간에서 운영하는 말레이시아 중재인협회(the Malaysian Institute of Arbitrators)와 산업 분야별로 운영되는 소규모 ADR 관련 조직들이 있다. 특히 보험조정국(the Insurance Mediation Bureau), 은행조정국(the Banking Mediation Bureau), 금융조정국(the Financial Mediation Bureau), 소비자분쟁심판원(the Tribunal for Consumer Complaints), 소득세특별위원회 (the Special Commissioners of Income Tax), 저작권심판원(the Copyright Tribunal) 등은 소위 우리가 말하는 행정형 ADR 기관이라 할 수 있을 것이다(Mohammad Naqib Ishan Jan & Ashgar Ali Ali Mohamed, 2010; 류창호, 2007). 참고로 영국의 ADR 기관인 영국 중재인협회(CIArb: the Chartered Institute of Arbitrators)의 지사 (branch)가 말레이시아에서 운영되고 있다.

말레이시아의 대표적인 ADR 기관을 살펴보자.

쿠알라룸푸르아시아지역중재센터

쿠알라룸푸르아시아지역중재센터(Klrca)는 1978년에 아시아-아프리카 법률 자문단체(AALCO: the Asian-African Legal Consultative Organization)의 후원으로 설립된 기구로서 비정부·비영리조직이다. 하지만 말레이시아 정부로부터 모든 재정(fully funded)을 지원받는다. 2012년 기준으로 소장을 포함하여 23명의 직원이 행정업무를 담당하고, 6명의 자문위원을 두고 있다. Klrca에서 조정인·중재인으로 활동하기 위해서는 영국의 ADR 기관인 중재인협회(CIArb)의 펠로우십(fellowship)이 되어야 가능하다. 이를 위해서는 일정한 단계를 거쳐 시험을 치르고 수료증(diploma)을 받아야 한다. 이러한 과정은 영국, 호주 등의 대학들과 연계하여 진행되고 있다.

2012년 기준으로 700명 정도의 중재인(200명의 내국인, 500명의 외국인)과 70명 정도의 조정인이 등록되어 국내 및 국외 사건을 처리하고 있다. Klrca는 어쥬디케이션을 시행하는 어쥬디케이터를 양성하기 위한 교육과정도 운영하고 있다. 자체 규칙으로는 중재규칙, 조정규칙, 신속 중재규칙, 전자 중재규칙(i-Arbitration Rules) 등이 있으며, 2011년에는 약 90건의 중재 사건(이 중 20%는 국외 사건)을 처리하였다.

말레이시아조정센터

말레이시아조정센터(MMC)는 1999년에 말레이시아 변호사협회에 의해 설립되었다. 말레이시아조정센터의 설립에는 싱가포르조정센터의 선행적인 경험과 인력의 도움이 컸다. 말레이시아조정센터에서는 상사, 민사 및 가족 분쟁 등에 대한 조정을 시행하고 있다. 조정인의 인증 및 조정절차 등에 대해 자체 규칙을 유지하고 있으며, 조정인이 준수해야 할 윤리규정을 두고 있다.

말레이시아 중재인협회

말레이시아 중재인협회(MIarb)는 중재를 통한 분쟁해결을 장려하고, 일반 대중의 ADR에 대한 인식을 높이고자 1991년에 설립된 민간 비영리기구이다. 1명의 상근자가 행정업무를 담당하고 있고, 12명의 이사회(자원봉사 형태의 무급 전문직 위원으로 구성) 중 5명이 기관을 대표하는 직위를 나누어 가지고 있다. 2012년 기준으로 32명의 중재인이 조정·중재 서비스를 제공하고 있으나 주로 중재에 초점을 두고 있다. Klrca가 직접 중재 서비스를 제공하면서 싱가포르의 국제중재센터(SIAC)나 인도네시아의 중재위원회(BANI)와 유사한 기능을 하고 있는데 비해, MIarb는 ADR에 대한 국민적 관심을 고취하고 홍보하는 데 초점을 맞추고 있다고 할 수 있다.

MIarb에서는 3가지 범주의 회원이 있는데 단계에 따라 '준회원(Associate)', '회원(Member)', '전문회원(Fellow)'으로 구분된다. 특히 평가 코스(Assessment Courses)를 통해 중재 활동의 전반에 대해 교육을 함으로써 전문회원(fellow member)들을 양성하고 있다. 이 코스는 MIarb의 차별화된 과정으로서 중재에 대한 이론과 실제적 교육을 하고, 모의사건(mock cases)을 주고 해석과 판정까지 해야 하는 높은 수준의 필기시험까지 실시하는 단계이다. MIarb은 정부기관 및 다양한 협회나 단체 등과 연계하여 ADR에 관한 규정을 만들어 주고 자문 역할을 하는 등 말레이시아의 ADR 관련법 개혁을 위한 활동도 하고 있다.

재정은 교육·강연의 참가비와 사건의 규모에 따라 부과되는 중재 수수료, 회원들이 내는 회비로 충당된다. 2012년 기준으로 약 450여 명의 회원이 등록되어 있으며 주로 변호사·엔지니어·건축가·기업가 등이 중심을 이룬다. MIarb는 중재규칙(MIarb Arbitration Rules 2000), 조정규칙(MIarb Mediation Rules 2003)과 같은 자체 규칙을 만들어 운용하고 있으며, 중재인협회의 주요 목적이 교육과 훈련, 홍보에 있기 때문에 조정·중재 건수가 그리 많지는 않은바 매년 10-15건 정도의 분쟁사건을 처리하고 있다고 한다.

인도네시아의 ADR 제도

인도네시아는 국민성이나 종교적 특성상 분쟁이나 갈등을 오래 끌고 가는 것을 꺼리고, 조정이나 중재 또는 재판과 같은 과정을 통해 문제를 해결하기보다는 사전에 서로 합의하고 마무리하는 경우가 많다고 한다. 따라서 인도네시아에서 조정이나 중재와 같은 분쟁해결 방식은 전통적으로 분쟁당사자들을 화해시키는 형태로 발달해 왔다. 전통적인 분쟁해결은 지역의 추장같이 신망받는 인물이 분쟁 당사자를 화해시키는 간단한 방식이었고 구속력은 없었다. 인도네시아의 ADR 관련법으로는 1999년에 제정된 '중재 및 대체적 분쟁해결법'(RI Law No. 30 of 1999 concerning Arbitration and Alternative Dispute Resolution)이 있는데 이는 주로 중재 관련 사항을 규정하고 있다. 인도네시아의 중재법은 UNCITRAL 모델법의 규정들을 일부 수용하고 있지만, 가처분 제도를 두고 있지 않거나 법원의 개입 여지가 많은 점 등 UNCITRAL 모델법을 기본적으로 수용한 것으로 보기는 어렵다(김영주, 2014: 102-106).

외국 ADR, 득이 되면 수입하자

인도네시아에서 제공되는 ADR 서비스 중 독특한 것이 '구속적 의견 (Binding Opinion)'인데, 이것은 1999년 ADR법의 제52조에 명시되어 있다. 이는 중재 과정 중에 편견(bias)을 줄이기 위한 장치로서 계약 조항 (clauses of contract) 등에 관한 해석(interpretation)을 명확하게 할 필요가 있을 때 중재기관에 의뢰한다. 일단 중재기관에 의하여 '구속적 의 견(Binding Opinion)'이 내려지면 당사자는 이에 구속되고 그에 반대되 는 행위를 하면 계약을 위반한 것으로 간주된다. 한편 2003년에는 대법원 의 지도 아래 법원부속조정(court-annexed mediation)이 적극 권장되 어 공식적인 재판 전에 조정을 시행하고 있다.

인도네시아의 ADR 관련 기관은 인도네시아 중재위원회(BANI: Indonesian National Board of Arbitration)와 인도네시아 자본시장중재 위원회(BAPMI: the Indonesian Capital Market Arbitration Board)를 비롯하여, 인도네시아 조정센터(PMN: the Indonesian Mediation Center) 와 인도네시아 보험조정위원회(Indonesia Insurance Mediation Board) 등이 있으며 2012년에는 지적 재산권 중재조정원(Intellectual Property Rights Arbitration and Mediation Agency)이 설립되었다.

그중 주요 ADR 기관에 대해 살펴보자.

인도네시아 중재위원회

인도네시아 중재위원회(BANI)는 1977년에 설립되어 자카르타에 있는 본부 외에 각 지역 위원회가 있으며, 2018년 4월 기준으로 145명 정도(이 중 69명이 외국인)의 중재인을 유지하고 조정, 중재, '구속적 의견(Binding Opinion)' 등의 대체적 분쟁해결 서비스를 제공하고 있다(http://www.baniarbitration.org). BANI는 일반 대중을 대상으로 ADR에 대한 이해를 높이기 위한 교육을 시행하기도 한다. BANI에서 중재인이 되기 위해서는 1999년 ADR법의 제12조에 정해진 최소 요건과 중재인으로서 필요한 경력과 역량 등을 자체 평가하여 중재인으로 활동할 수 있도록 하고 있다.

BANI의 자카르타 본부는 2012년 기준으로 13명이 행정업무 등을 위해 상근자로 근무하였고, 다른 지역에는 각각 7명 전후가 상근하였다. 본부와 각 지역은 한 조직의 본사와 지점 같은 관계는 아니고 사실상 서로 독립적으로 업무를 하며 서비스를 제공하고 있으나 동일한 규칙의 적용을 받는다. BANI의 재정은 정부로부터의 지원은 없으며, 주로 분쟁당사자들로부터 받는 중재 수수료로 충당한다. 초창기에 일반 대중에게 알려지지 않고 담당 사건 수가 적었을 때는 재정문제로 운영이 어려웠으나, 현재는 인도네시아의 ADR 관련 기관 중 가장 재정적으로 안정되게 운영되고 있는 것으로 평가된다.

BANI는 인도네시아의 타 ADR 기관에 비해 오래된 역사와 역량으로 인도네시아의 ADR 발전을 위해 다방면으로 노력하면서, 1999년 ADR 법의 기초를 만드는 데 중요한 역할을 하기도 했다. BANI는 서비스의 합

외국 ADR, 득이 되면 수입하자

리성을 높이고, 다른 지역 위원회와의 업무의 일체성을 유지하기 위해 조직 운영과 서비스에 관한 중재규칙(The Rules Of Arbitral Procedure Of The Indonesia National Board Of Arbitration)을 만들어 적용하고 있다. BANI가 취급하는 최근 연도별 중재사건 수는 〈표 23〉과 같다. 중재 사건 수가 점차 증가하고 있는 추세로 볼 수 있는데, 이는 1999년 ADR법이 제정된 이후 사건처리의 수가 큰 폭으로 증가하기 시작한 것과 관련이 있다.

〈표 23〉 BANI의 최근 연도별 중재사건 수

연도	전체 건수	국내중재 건수	국제중재 건수
2008	19	14	5
2009	44	37	7
2010	41	34	7
2011	58	50	8
2012	64	53	11
2013	59	47	12

※ 김영주(2014: 105) 참조하여 재작성

인도네시아 자본시장중재위원회

인도네시아 자본시장중재위원회(BAPMI)는 2012년 기준으로 15명의 중립인과 4명의 행정 인력으로 구성된 비영리 민간조직(non-profit organization)이다. 이 기구에서 제공하는 서비스는 조정, 중재, '구속적 의견(Binding Opinion)'이며 BAPMI에서 별도로 중립인을 양성하기 위한 교육프로그램을 운영하지는 않는다. 그런데 BAPMI에서 제공하는 서비스 중 '구속적 의견(Binding Opinion)'은 중립인에 의해 이루어지지 않고 BAPMI의 행정을 책임지는 경영진에 의해 수행되는 점이 특이하다. BAPMI는 등록된 회원들이 서비스를 받기 위해 매년 내는 회비(membership fees)와 20여 개의 경제 관련단체가 지원하는 운영경비로 운영되는데, 2009년에 처음으로 조정사건을 다루기 시작하였으나 축적된 처리 사건 수는 미미하다고 한다. BAPMI는 중재 및 조정을 비롯하여 조직 운영과 서비스에 대한 자체 법규를 가지고 있다.

인도네시아 조정센터

인도네시아 조정센터(PMN)는 2003년에 설립된 비영리 민간조직(non-profit organization)으로서 조정인을 교육하고 자격증을 부여하며, 조정인들과의 네트워크를 형성하여 조정 서비스를 제공한다. PMN에 대한 정부의 보조금은 없고, 조정교육을 받는 교육생들의 수업료와 조정을 신청하는 분쟁당사자들이 내는 조정비용으로 기관을 운영하고 있다. 2012년 기준으로 약 800명의 조정인 명부를 유지하고 있으며, 조정 대상은 대부분 민사(civil case)인데 기업 간 계약문제(business contract)나 노동분쟁(labor dispute)을 많이 처리하고 있다. 형사문제(criminal case)는 극히 일부 처리하기도 하는데 경찰을 교육시켜 현장에서 분쟁을 조정하는 능력을 배양하는 역할을 하기도 한다. 또 법원부속조정(court-

외국 ADR, 득이 되면 수입하자

annexed mediation)과 관련하여 판사들의 조정기법을 훈련시키는 교육기관으로 지정되기도 했다. PMN은 조정 서비스에 대한 합리성을 높이고 고객 신뢰와 만족도를 높이기 위해 자체적인 조정 절차(Mediation Procedure)를 만들어 적용하고 있다.

필리핀의 ADR 제도

필리핀 사람들은 적대적인 대치 상황을 싫어하며, 비용도 많이 들고 오래 끄는 재판에 대한 반감으로 인해 분쟁이 발생하면 적당히 타협하여 해결하는 것을 오래전부터 선호하였다(Michael Pryles, 2006: 307-308). 심지어 재판을 하는 것도 판결의 옳고 그름을 판단하기보다는 상대에게 협상에 임하도록 하기 위한 수단으로 종종 사용되기도 한다. 법원 밖에서의 분쟁해결뿐만 아니라, 소송을 청구한 경우에도 재판 전 단계에서 분쟁을 해결하도록 많이 권장된다.

과거 식민지 시대 이전의 바랑가이(barangay)와 같은 공동체에서는 그 지역 내의 소소한 다툼은 다투(datu)라고 하는 가부장적 권위를 가지는 지도자의 결정으로 해결되곤 하였다(김선정, 2009: 199). 또 바랑가이에서는 루퐁(Lupong)이라는 회의체에 분쟁이 회부되기도 하였다. 이 루퐁은 10명 내지 20명의 지역 명망인사로 구성되는 조정 패널이라 할 수 있으

외국 ADR, 득이 되면 수입하자

며 이들에 의한 결정은 당사자를 구속하였고, 바랑가이 체제에 회부되는 유형의 사건은 루퐁을 거치지 않으면 바로 재판을 신청해도 기각되었다. 하지만 바랑가이 체제는 한 쪽 당사자가 개인이 아닌 회사인 경우에는 적용되지 않았다.

1. 필리핀의 조정제도

필리핀 조정제도는 전통적인 분쟁해결 방식, 이웃분쟁해결제도, 법원부속 조정, 행정형 조정, 사적 조정 등 다섯 가지로 나눌 수 있다(Eduardo R. C. Capulong, 2012: 650-662). 이 중 전통적인 분쟁해결 방식, 이웃분쟁해결제도, 법원부속 조정에 대해 보다 세부적으로 살펴보고자 한다.

전통적인 분쟁해결 방식인 IDR(Indigenous Dispute Resolution)은 수백 년 동안 지속되었던 시민지 시대에도 계속 유지되었는데, 마을의 권위 있는 연장자들이 공개적인 절차를 통해 개인적인 차원의 회복보다는 마을 전체의 평화나 조화를 달성하기 위해 조언하고 판단해 주는 절차이다.

다음으로 이웃분쟁해결제도(Neighborhood or Village Justice System)는 전통적인 분쟁해결 방식이 KP(Katarungang Pambarangay)라는 보다 공식적인 구조로 통합된 형태이다. 이는 1972년 마르코스 대통령이 계엄령을 선포하여 국가를 중앙집권화하고 반대파를 잠재우기 위한 수단으로 활용하였다고 한다. 표명된 목적은 법원의 혼잡을 줄이고 부드러운 분쟁해결 방식을 추구하는 것이었으나, 실제로는 전통적인 방식을 이용한 중앙집권화를 위한 사회 통제에 있었다고 한다. KP시스템은 푸농 바랑가이(Punong Barangay 또는 Barangay Captain)에게 분쟁해결을 의뢰하는데, 15일 동안 푸농 바랑가이에 의해 분쟁해결이 안되면 3명으로 구성되는 조정 패널인 팡캇(Pangkat)으로 하여금 30일 이내에 분쟁을 해결하게 한다. 하지만 지역민들은 그들의 공정성에 대하여 그다지 신뢰하지는 않는다고 한다.

필리핀의 법원부속 조정은 전술한 이웃분쟁해결제도를 기획했던 사람들이 고안한 제도인데, 처음에 두 군데에서 실험적으로 시행되었던 것이 전체 법원의 3분의 2 이상이 실천하고 있다. 2001년에 대법원은 필리핀조정센터(PMC: the Philippine Mediation Center)를 설립하였는데, 2010년 기준으로 필리핀조정센터는 전국에 걸쳐 98군데가 운영되고 798명의 조정인이 활동하였다. 조정인은 기본적으로 자원봉사자로 구성되는데 사건 당 수당을 받으며, 조정이 성공적으로 끝나면 실패할 경우보다 세 배 정도의 수당을 받는다. 법원조정은 모든 민사사건은 물론 형사사건 중 민사적 요소를 포함한 사건에 대해 적용된다. 사건이 접수되면 법원은 당사자에게 필리핀조정센터에 먼저 보고하도록 명령하고 조정인에게 조정을 하게 하지만, 조정이 성립되지 않으면 사법적 분쟁해결(JDR: Judicial Dispute Resolution) 단계로 넘어간다. JDR은 재판을 주재하지 않는

외국 ADR, 득이 되면 수입하자

판사가 조정인에 의해 조정이 실패한 사건에 대해 조기중립평가인 또는 조정인의 역할을 해주는 것으로서 이 JDR 판사는 각 당사자의 입장의 강약과 성공 가능성 등에 대해 비구속적 평가나 의견을 주는 역할을 한다. JDR 판사에게는 사건 해결을 위해 30일에서 60일 정도의 기간을 주는데, 2010년 기준으로 226명 정도가 JDR 판사로서의 훈련을 받았다. 2009년 기준으로 필리핀 전국 법원의 68%가 조정이나 컨실리에이션을 활용하고 있는데, 필리핀조정센터에서는 1심 법원에서 회부된 238,672 사건 중 96,158건이 조정되었고, 항소법원에 회부된 579 사건 중 108건과 JDR에 회부된 22,103 사건 중 5,831건이 조정되었다고 한다.

2. 필리핀의 중재제도와 ADR법

필리핀 중재제도의 역사적 발전과 관련하여 김선정(2009: 197-225)은 식민지 시대 이전의 마을 중재시대를 거쳐 중재에 관한 조문을 포함한 1950년 필리핀 민법 시대, 중재에 대한 법제를 이룬 1953년 중재법 시대와 2004년의 ADR법 시대에 이르기까지 단계적으로 발전해 왔다고 설명하고 있다. 2004년에 제정된 대체적 분쟁해결법(ADR Act)은 전체 8장 56개 조문으로 구성되었는데, 이는 1953년에 제정된 중재법 이후 50년 만의 새로운 중재법이라 할 수 있다.

동 법의 제2조는 분쟁해결에 있어서 당사자의 자율성을 제고하기 위하여 신속하고 공정하며 법원의 업무 부담을 덜어주는 대체적 분쟁해결 방식을 활발하게 촉진한다는 선언을 하고 있다. 이 ADR법은 대체적 분쟁해결 방식으로 조정 외에도 중재, 조기중립평가, 조정-중재, 간이심리 등에 대해 규정하고 있다. 또한 ADR법이 제정되기 전에는 필리핀에 국제상사중재를 위한 규율법이 사실상 존재하지 않는 것과 마찬가지여서 필리핀에서는 기업들이 국제상사분쟁을 해결하기 위해서는 당사자 간의 합의에 따라 외국법의 적용을 하는 것이 일반적이었는데 ADR법 제4장에 국제상사중재를 규정하였다. 제5장은 국내 중재를 규정하였는바, 이 법의 적용을 받지 않는 사항에 대하여는 그 전의 중재법을 그대로 적용하도록 하였다. 제6장에서는 국내 건설 분쟁의 중재를 건설산업중재법(Construction Industry Arbitration Law)에 의해 계속 규율하도록 하는 대신 약간의 보충을 하고 있다.

3. 필리핀은 ADR법에 국가기관인 ADR처를 두고 있다

또 동 법은 사적 부문과 공적 부문의 ADR의 이용을 활성화하고 그에 필요한 지원을 할 수 있도록 ADR처(the Office for Alternative Dispute Resolution: OADR)를 법무부 소속기관으로 설치하고 있으며, 사무처를 두고 그 처장은 대통령이 임명하게 하고 있다. ADR처(OADR: the Office

외국 ADR, 득이 되면 수입하자

for Alternative Dispute Resolution)는 2009년에 설립되었는데 ADR 종사자와 서비스 제공자에 대한 교육기준을 설정하고 인증하며 정부에 의한 ADR 프로그램의 개발·시행·감독·평가를 조율하며, ADR법의 시행을 위해 필요한 조치들을 할 수 있게 규정되어 있다. 이에 따라 ADR처는 미국변호사협회의 ABA-ROLI(the American Bar Association-Rule of Law Initiative)의 도움을 받아 ADR서비스 기관들의 인증 가이드라인을 마련하고 ADR 종사자의 훈련기준을 설정하여 운용하고 있다. 또 정부의 모든 ADR 프로그램을 계발하고 그 집행에 대하여 평가하기도 한다. 이와 같은 필리핀 ADR법과 그에 따른 ADR 지원기구에 대한 설립과 그에 대한 규정은 향후 우리나라에서 독립적인 부처나 분쟁해결지원센터를 설치할 때에도 참조할 수 있는 대목이라 할 것이다.

ADR을 지원하는 ADR처와 함께 필리핀의 ADR 기관으로 필리핀분쟁해결센터(PDRCI: the Philippine Dispute Resolution Center Inc.)가 있다. 이는 1996년에 설립되어 중재를 비롯하여 조정, 기타 ADR 관련 서비스를 제공하고, 온라인 분쟁해결 부서를 두고 있다. 그 외 중재인이나 조정인 등 중립인을 위해 교육 및 인증하는 업무를 한다. 2017년 7월 기준으로 53명의 공인중재인 명부를 유지하고 있다.

제3장

세계의
ADR
발전추세에
대한 평가

세계의 ADR 발전추세에 대한 평가

앞에서 서구와 아시아의 주요국을 중심으로 세계의 ADR법·제도의 발전과정과 그 특성에 대하여 살펴보았다. 이러한 주요국의 ADR 발전 동향을 통하여 세계의 ADR 제도의 발전 추세에 대한 전체를 파악하기에는 무리가 있으나, 그러한 주요국의 ADR 발전과정과 특성을 고찰함으로써 우리나라 ADR의 나아가야 할 길을 모색해 보는 것은 의미가 있다 할 것이다. 이하에서는 ADR의 세계적인 공통적 발전 특성들을 주로 ADR법의 발전 추세를 통하여 알아보고, 우리나라의 경우와 대비하여 코멘트하고자한다.

외국 ADR, 득이 되면 수입하자

1. 중재의 ADR로서의 선도적 위치를 알 수 있다

ADR법은 조정법, 중재법, ADR기본법, 기타 ADR 관련법 등으로 나누어 볼 수 있다. 이 중 ADR법으로서 가장 역사적으로 일찍 발전된 것은 중재법 영역임을 알 수 있다. 고대로부터의 중재제도의 발전은 차치하고서라도 중세 상인들에 의해 발전된 중재제도에 이어 영국에서 1698년에 최초의 중재법을 제정한 바 있다. 미국은 식민시대에 영국으로부터 들어온 커먼로의 중재법들이 발전하여 17세기~19세기의 각 주에서 제정된 초기의 중재법들로 이어졌고, 1925년에 와서는 미국 연방중재법이 제정되었다. 독일과 프랑스 및 일본 등 주요국의 중재법 역시 ADR 관련법 중 가장 먼저 발전되어 왔다고 할 수 있다. 우리나라도 1966년에 처음으로 근대적인 중재법이 제정되어 그에 근거한 중재제도의 발전은 1990년의 민사조정법과 각종 행정형 ADR법의 탄생과 진전을 선도적으로 유도하였다고 할 수 있다.

2. 중재제도에 대한 법원의 태도 변화를 알 수 있다

비교적 중재를 지원하는 측면에서 출발한 독일과는 달리 미국, 영국, 프랑스 등 대부분 국가의 중재법 발전과정을 살펴볼 때, 중재는 법원에 의한 질서의 대상에서 중재 이론과 사례의 발전에 따라 점차 중재에 대한 인정과 중재 친화적인 상태로 발전해 가는 과정을 겪었다. 미국의 초기 법원의 입장은 철회 가능성의 원칙(the doctrine of revocability)을 따르고 있었으며, 미국의 커먼로 판사들은 18세기와 19세기 초기에 걸쳐 중재에 대하여 적대적이었다(Bruce L. Benson, 1995: 483-485). 그러나 1842년의 Hobson v. McArthur 판결을 통해 연방대법원은 중재에 대한 엄격한 사법 심사와 적대감을 보였던 태도의 종료를 암시하는 신호를 보냈다. 이후 미국 법원은 훨씬 진보적인 입장으로 발전해 갔다. 영국도 Vynior 사건에서 보듯 법원은 중재인이 언제라도 철회할 수 있는 양 당사자의 대리인이라는 개념에 근거하여 당사자 어느 쪽이나 중재판정이 있기 전에는 언제라도 중재합의의 철회가 가능하다고 판시한 바 있다(William M. Howard, 1993: 27-28). 당시의 영국법원들은 중재를 분쟁해결에 대한 자신들의 지배권에 대한 위협으로 간주하였으며 경쟁자로 간주하였다. 1806년의 프랑스 중재법도 중재인이 법률 규정을 엄격하게 적용할 것을 기대하였고, 법원의 적대적인 환경에서 출발하였다(장문철, 2000: 211-212). 우리나라의 법원도 이러한 경향과 변화 추세에 벗어나지 않았다고 할 수 있다. 이와 같이 세계의 각국은 법원에 의한 초기의 중재에 대한 적대감을 극복해 가면서 중재법과 중재제도를 중재 친화적인 환경으로 발전시켜 나갔다.

3. 최근의 조정에 대한 중시와
조정법의 입법화 추세를 눈여겨보자

ADR로서 과거에는 중재를 중요시하였으나 최근으로 올수록 조정과 중재를 함께 중요시하거나 조정에 대한 관심과 확산의 속도가 커짐을 알 수가 있다. 그에 따라 조정의 법적 근거를 부여하려는 시도가 증가하고 있다. 미국의 경우 일찍이 1925년의 연방중재법과 1955년 통일중재법 및 2000년에 개정 통일중재법을 마련하였으나, 그보다 최근인 2001년에는 미국에서 대체적 분쟁해결 방법 중 가장 많이 이용되는 조정에 직·간접적으로 영향을 미치는 각 주의 법률이 2,500개가 넘는 상황을 주시하고 통일조정법을 마련한 바 있다.

2012년에 독일은 그동안 조정제도에 관한 일반법이 없어 다양한 형태의 조정이 법적 근거가 미약한 상태에서 시행되어 왔으나, 조정에 관한 법적인 근거를 명확히 하는 조정법을 제정하였다. 우리나라도 사법형 ADR법인 민사조정법을 근거로 법원 내 조정에서 나아가서 외부 ADR 기관에 조정을 의뢰하는 조기조정제도와 법원연계조정의 확산에 이르렀고, 최근에는 민간형 ADR 기관에서도 조정을 원활하게 수행할 수 있도록 하는 조정절차법의 제정 주장이나 주민분쟁해결센터의 설립을 위한 주민조정(Community Mediation)의 근거법 조항의 마련에 이르기까지 조정을 위한 ADR법에도 관심이 증대되고 있다.

4. 세계 각국은 ADR 기본법을 구축하기 위한 노력을 경주한다

미국은 1990년과 1996년에 행정형 ADR의 기본법이라 할 수 있는 행정 분쟁해결법을 채택하였고, 1998년에는 사법형 ADR의 기본법이라 할 수 있는 대체적분쟁해결법을 통과시킨 바 있다. 일본 역시 2004년에 민간형 ADR의 공신력을 제고하고 그 이용을 촉진하기 위하여 민간형 ADR의 기본법이라 할 수 있는 '재판 외 분쟁 해결절차의 이용 촉진에 관한 법률'을 제정하였다. 2012년에 제정한 독일의 '조정 및 재판 외 분쟁해결 절차의 촉진을 위한 법'은 법원내의 조정뿐만 아니라 법원 외에서의 다양한 분쟁해결 절차를 촉진하기 위해 옴부즈맨, 간이심리, 조기중립평가 등의 다양한 기법의 활용이 가능하게 함으로써(심준섭 외, 2013: 128) 조정에 관한 일반법으로서의 위치와 함께 ADR 기본법으로의 성격도 가지고 있다고 할 수 있다. 우리나라는 최근 ADR의 활성화를 위해 ADR기본법을 조속히 제정할 필요가 있다는 각종 세미나와 논문이 지속되고 있으며, 그러한 노력의 일환으로 '대체적 분쟁해결 기본법안'이 19대 국회에 제출되기도 하였다.

외국 ADR, 득이 되면 수입하자

5. ADR법과 제도의 국제적 기준에의
부합을 위해 공동으로 노력한다

　　1985년 UNCITRAL이 국제상사에 관한 모델중재법을 채택한 이래 각
국에서는 자국의 중재법을 국제상사중재의 국제적 기준에 맞추기 위하여
앞다투어 중재법의 개혁에 착수하였다. 먼저 영국에서는 UNCITRAL 모
델중재법을 연구하여 1996년에 국제적 추세에 걸맞은 중재법 개정에 착수
하였고, 독일은 1998년에 역시 UNCITRAL 모델중재법을 대폭 수용하
여 1877년 이래 큰 변화 없이 유지되어 온 중재법을 전면 개정하였다. 일
본의 중재법은 1890년에 마련된 이래 100여 년에 걸쳐 실질적으로는 변
화 없이 유지되어 왔으나 2003년에는 UNCITRAL 모델중재법을 가능한
한 충실하게 반영하고 조문을 쉽게 하며 국제적 표준에 부응하는 중재법
의 대변혁을 이루었다.

　　우리나라 역시 이러한 국제적 추세에 발맞추어 1999년에 UNCITRAL
모델중재법을 최대한 반영하여 거의 제정에 가까운 중재법의 대변혁을 기
한 바 있다. 또한 미국은 2001년에 통일조정법을 채택하여 제시하였으나
2002년의 UNCITRAL 모델조정법의 내용들을 반영할 수 있도록 2003
년에 개정하였다. 이후 1985년의 모델중재법을 시행하는 과정에서 제기
된 문제점들을 반영하여 2006년에 UNCITRAL 모델 중재법이 다시 개
정되었고, 2010년에는 UNCITRAL 중재규칙도 개정하였다. 2006년의
UNCITRAL 모델중재법 주요 개정 내용은 중재합의의 성립에 필요한 서

면성을 완화하고, 중재판정부의 임시적 처분을 폭넓게 인정하는 등 운용상의 개선을 포함하는 것이었다(노태악, 2010: 111-150).

이에 홍콩, 싱가포르, 호주 등의 아시아 국가와 유럽의 스코틀랜드, 아일랜드, 오스트리아에 이어 프랑스까지 2006년의 새로운 모델중재법의 취지에 맞게 중재법을 개정하였다(장문철, 2011: 7). 한편 2012년에 독일은 유럽연합의 조정지침에 의거하여 '조정 및 재판 외 분쟁해결 절차의 촉진을 위한 법'을 제정하였다. 이와 같이 세계는 중재법이나 조정법 등 ADR법을 정비하는 과정에서 국제적인 기준에의 부합과 통일성을 추구하는 경향에 있음을 알 수 있다.

이러한 ADR법의 국제적인 기준 마련과 통일성을 위한 노력은 온라인 분쟁해결(ODR) 부문에서도 활발하게 움직이고 있다. UNCITRAL은 2010년에 ODR Working Group을 설치하고 온라인 분쟁해결에 관한 법적 기준을 검토하게 하였다. 2011년에 동 Working Group은 그 절차적 규정들을 고안하고, 2014년의 비엔나 회의나 2015년의 뉴욕 회의에 이르기까지 지속적으로 회원국이나 관련 기관과의 협의를 통해 이를 정립하기 위한 협조적인 노력을 하고 있다.

외국 ADR, 득이 되면 수입하자

I. 국내 문헌

- 고형석, "일본 개정 독립행정법인국민생활센터법상 대안적 분쟁해결제도", 법제, 2009. 1.
- 김선정, "필리핀의 2004년 대체적 분쟁해결법 소고-UNCITRAL 모범법 수용과 관련하여-", 중재연구 제19권 제2호, 2009.
- 김영주, "인도네시아의 국립중재위원회(BANI) 중재규칙상 중재절차의 구조", 중재연구 제24권 제4호, 2014.
- 김중년, "중국의 상사조정제도와 그 시사점에 관한 연구", 무역상사연구 제66권, 2015. 5.
- 김태한, "미국의 재판외 분쟁해결제도", 중재연구 제13권 제2호. 2004. 2.
- 김태흥, 사회갈등 해소를 위한 갈등관리제도의 구축 및 효율적 운영방안 연구, 한국여성개발원, 2005. 12.
- 김호, 중국의 ADR 제도에 관한 연구-한국 제도와의 비교-, 연세대학교 대학원 박사학위 논문, 2008. 6.
- 노태악, "UNCITRAL 모델중재법 및 중재규칙 개정에 따른 국내법 개정의 필요성 검토", 국제사법연구 제16호, 2010. 12.
- 류창호, "말레이시아의 사법제도와 소송외 분쟁해결제도", 아시아 법제연구 제7호, 2007. 3.
- 박노형·이로리, 유럽의 대체적 분쟁해결(ADR)제도에 관한 연구, 서울:법제처, 2008.
- 박철규, "외국의 Community Mediation 제도를 통해 본 민간형 ADR로서의 우리나라 주민분쟁해결센터 도입 방안에 관한 연구", 의정논총 제9권 제1호, 2014. 6.

- 손수일, "미국 법원에서의 ADR의 발전과 캘리포니아 북부 연방지방법원의 Early Neutral Evaluation(ENE)", 외국사법연수논집 13, 법원도서관.
- 신군재·김경배, "중국의 ADR 제도와 국제중재판정의 강제집행절차에 관한 연구", 국제상학 제19권 제1호, 2004. 3.
- 신동원, 미국 대체분쟁해결제도(ADR)에 대한 연구-행정기관에 의한 ADR을 중심으로-, 2012.
- 신한동, "미국중재협회 연수보고", 중재 제108호, 1981. 1.
- 심준섭 외, 공공갈등민원 해결의 제도화 방안 정책연구, 국민권익위원회, 2013. 10.
- 양경승, 우리나라 ADR의 활성화방안과 기본법 제정을 위한 연구, 서울:언론중재위원회, 2010.
- 양병회, "ADR의 활성화를 위한 화해제도의 개선방안-독일의 변호사화해제도를 중심으로-", 민사소송 제1권, 1998.
- 언론중재위원회(편), "중국의 법문화로 살펴본 인민조해(人民調解) 제도의 특징", 조정을 위한 설득과 수사의 자료, vol. 7 월차보고서 12월호, 2013. 12.
- -, "외국 ADR 관련법률", 언론중재, 2010년 봄호, 여름호, 가을호, 겨울호, 2010.
- 오원석·이경화, "중국의 "중재와 조정의 결합" 제도와 시사점", 무역학회지 제 38권 제4호, 2013.
- 왕홍송, "중국중재제도", 중재연구 제13권 제2호, 2004. 2.
- 우광명, "중국 재판외분쟁해결제도의 문제점과 활성화방안에 관한 연구-인민조정제도와 중재제도를 중심으로-", 국제상학 제21권 제1호, 국제상학회, 2006. 3.
- 원용수, "프랑스 ADR 제도의 특성", 지역학논집 제8집, 숙명여자대학교 지역학연구소, 2004.
- -, "프랑스의 ADR과 그 활용 현황에 관한 고찰", 중재연구 제17권 제1호, 2007.
- 이동근, "민사사건과 ADR 토론문", 법학연구 제26집, 전북대학교 법학연구소, 2008. 6.
- 이로리, "프랑스의 ADR 제도-법원관련 중개 및 조정제도를 중심으로", 안암법학

제29권, 2009a.

- -, "ADR의 활성화와 법원의 역할-영국의 민형사 법원중개제도를 중심으로-", 경영법률, 2009b.

- 이마다 겐타로, "일본 ADR 제도의 특징", 형평과 정의 제27집, 대구지방변호사회, 2012.

- 이만희, "중국의 조정제도", 저스티스, 한국법학원, 1993. 7.

- 이점인, "재판외분쟁해결제도:미국의 ADR을 중심으로", 동아법학 제26호, 1999.

- 이준상, "미국에서의 ADR 운영 현황(법원실무를 중심으로)과 우리나라에서의 활성화 방안", 외국사법연수논집 25, 법원도서관, 2005.

- 이홍숙, 중국내 소송과 중재에서 준거법 결정에 관한 연구, 성균관대학교 박사학위논문, 2013.

- 장문철, "중재법의 개정방향", 중재 제335호, 2011년 봄.

- -, 현대중재법의 이해, 세창출판사, 2000. 9.

- 장문철 외, UNCITRAL 모델중재법의 수용론, 세창출판사, 1999. 3.

- 정선주, "2012년 독일 조정법의 내용과 평가", 민사소송 제16권 2호, 2012. 11.

- 정영수, "일본의 ADR법에 관한 소개", 중앙법학 제7집 제1호, 2005.

- 정용균, "미국의 조정-중재(Med-Arb) 제도에 관한 연구", 중재연구 제24권 제1호, 2014. 3.

- 정용균·이승석, "중재기관평가모형을 통한 중국 지방중재위원회의 특성 연구", 중재연구 제20권 제2호, 2010. 8.

- 정정화, "공공갈등해결을 위한 ADR의 활성화 방안", 한국자치행정학보 제26권 제2호, 2012.

- 조희경, "프랑스의 2011년 개정된 중재법이 우리에게 주는 시사점에 대한 소고", 홍익법학 제15권 제2호, 2014.

- 최병록, "소송외적 분쟁해결제도의 활성화방안에 관한 연구", 사회과학연구 제13호, 2000.

- 한귀현, 행정상의 갈등해소를 위한 법제개선방안 연구, 한국법제연구원, 2004.
- 함영주, 분쟁해결방법론, 진원사, 2010.
- –, "우리나라 민간분쟁해결기관 구축시의 유의점", 민사소송 15(2), 2011. 11.
- 허대원, "중국 인민조정법에 관한 연구", 일감법학 제22호, 2012. 6.
- 황승태·계인국, 한국형 대체적 분쟁해결(ADR) 제도의 발전 방향에 관한 연구, 사법정책연구총서 2016-04, 대법원 사법정책연구원, 2016. 2.

II. 외국 문헌

- American Arbitration Association, Dispute Resolution Times, April-June 2001a.
- -, Public Service at the American Arbitration Association, 2003.
- -, 2000 Annual Report, 2001b.
- -, 2013 Annual Report & Financial Statements, 2014.
- -, 2014 Annual Report, 2015.
- Ashurst LLP, Quick Guide: Pre-action Conduct in English Courts, 2013.
- Benson, Bruce L., "An Exploration of the Impact of Modern Arbitration Statutes on the Development of Arbitration in the United States", 11 J.L. Econ. & Org. 479, October. 1995.
- Bennett, Steven C., Arbitration: Essential Concepts, ALM Publishing, 2002.
- Bingham, L.& Wise, C., "The Administrative Dispute Resolution Act of 1990: How Do We Evaluate Its Success?", Journal of public Administration Research and Theory, 1996.
- Blake, Susan, Julie Browne & Stuart Sime, A Practical Approach To Alternative Dispute Resolution, Oxford University Press, 2011.
- Born, Gary B., International Commercial Arbitration in the United States: Commentary and Materials, 1994.
- Brazil, Wayne D., "Special Masters in Complex Cases: Extending the Judiciary or Reshaping Adjudication?", 53 U. Chi. L. Rev. 394, 1986.
- Capulong, Eduardo R. C., "Mediation and the Neocolonial Legal Order: Access to Justice and Self-Determination in the Philippines",

Ohio State Journal on Dispute Resolution, 2012.

- Coolley, "Magistrates and Masters in Patent Cases", 66. J. PAT. Off. Soc'y 374, 1984.

- Craig, W. Lawrence, "Some Trends and Developments in the Laws an Practice of International Commercial Arbitration", 30 Texas International Law Journal, 1. 1995.

- Curtis, Richard C., "A Comparison of the Recent Arbitration Statutes", 13 Am. Bar Ass'n J. 567, 1927.

- Deckert, Katrin, Mediation in France: Legal Framework and Practical Experiences, Mediation: Principles and Regulation in Comparative Perspective, (Klaus J. Hopt and Felix Steffek Ed.), Oxford University Press, 2012.

- Farrell, Margaret G., "Coping with Science Evidence; The Use of Special Masters", 43 Emory L. J. 927, 1994.

- Gaillarda1, Emmanuel & Jenny Edelstein, "Mediation in France", Dispute Resolution Journal, Jan, 2001.

- Garvey, Jack & Totten Heffelfinger, "Towards Federalizing U.S. International Commercial Arbitration Law", 25 INT'L LAW, 209, 1991.

- Goldberg, Stephen B., Frank E. A. Sander, Nancy H. Rogers, Dispute resolution: Negotiation, Mediation, and Other Processes, Aspen Law & Business, 1999.

- Haagen, Paul H., "forward" in Arbitration Now: Opportunities for Fairness, Process Renewal and Invigoration, xv (Paul H. Haagen, ed.), American Bar Association, 1999.

- Harter, Philip J. et al., Alternative Dispute Resolution: A Handbook for Judges, American Bar Association, 1991.

외국 ADR, 득이 되면 수입하자

- Heinsz, Timothy J., "The Revised Uniform Arbitration Act: Modernizing, Revising, and Clarifying Arbitration Law", 2001 J. Disp. Resol. 1, 2001.

- Honeyman, Chris, "Private Judging"(http://www.crinfo.org/core-knowledge/private-judging).

- Howard, William M., "The Evolution of Contractually Mandated Arbitration", 48 ARB. J. 27, 1993.

- Jaeger, Laurent, "Commercial mediation in France", Latham & Watkins. (www.lawseminars.com/.../imedny%20m%2017%20Jaeger.doc).

- Jan, Mohammad Naqib Ishan & Ashgar Ali Ali Mohamed, Mediation in Malaysia: the Law and Practice, LexisNexis, 2010.

- Japan Commercial Arbitration Association, JCA Newsletter, No. 15, 2, August 2002.

- Jarrosson, C., "La médiation et la conciliation: Essai de présentation", Droit et Patrimoine, décembre. 1999.

- JCA Newsletter, No. 15, 2002.

- Jones, Sabra A., "Historical Development of Commercial Arbitration in the United States", 12 Minn. L. Rev, 240, 1927.

- Jones, William Catron, "Three centuries of Commercial Arbitration in NewYork: A Brief Survey", Wash. U. L. Q. 193, 1956.

- Lambros, Thomas D., The Summary Jury Trial and Other Alternative Methods of Dispute Resolution: A Report to the Judical Conference of the Unites States, Committee on the Operation of the Jury System, 103 F. R. D. 461, 1984.

- Liebmann, Marian, Community & Neighbour Mediation, Cavendish Publishing, Limited, 1998.

- Macneil, Ian R., American Arbitration Law: Reformation --Nationalization-- Internationalization, Oxford University Press, USA, 1992.
- Mann, Bruce H., "The Formalization of Informal Law: Arbitration Before the American Revolution", 59 N.Y.U. L. Rev, 443, 1984.
- Marsee, Howard R., "Utilizing 'Special Masters' in Florida: Unanswered Questions, Practical Considerations, and the Order of Appointment", The Florida Bar Journal, Vol. 81, No. 9, October. 2007.
- Martinez, Luis M. & Thomas Ventrone, "The International Center for Dispute Resolution Mediation Practice"(https://www.adr.org).
- Mester, Jonathan D., "Administrative Dispute Resolution Act of 1996: Will the New Era of ADR in Federal Administrative Agencies Occur at the Expense of Public Accountability?", 13 Ohio St. J. on Disp. Resol. 167, 1997.
- Mentschikoff, Soia, "Commercial Arbitration", 61 Colum. L. Rev, 846, 1961.
- Mistelis, Loukas A., "ADR in England and Wales", 12 Am. Rev. Int'l Arb, 167, 2001.
- Nabatchi, Tina, "The Institutionalization of Alternative Dispute Resolution in the Federal Government", Public Administration Review, 67(4), 2007.
- National Conference of Commissioners on Uniform State Laws, Revised Uniform Arbitration Act, 2000.
- Olson, Ronald L., "Dispute Resolution: An Alternative for Large Case Litigation", 6 Litigation 22, 1980.
- Oppetit, B., "Arbitrage, médiation et conciliation", Rev. Arb., 1984.

- Pluyette, G., "La médiation judiciaire en matière civile", Gaz. Pal., 4 Octobre. 1994.
- Posner, Richard A., "The Summary Jury Trial and Other Methods of Alternative Dispute Resolution: Some Cautionary Observations", 53 University of Chicago Law Review 366, 1986.
- Prütting, Hanns, "Schlichten statt Richten?", JZ 1985.
- Pryles, Michael, Dispute Resolution in Asia, Kluwer Law International, 2006.
- Purcell, Heather A., "State International Arbitration statutes: Why They Matter", 32 Tex. Int'l L. J. 525, 1997.
- Riomet, Nathalie, "The French Approach: legal and practical aspects" in the State of Affairs of mediation in Europe, What can Governments do (more)?, Programme International Expert Meeting, Hague, 29 and 30 June. 2006.
- Rosenberg, Joshua D. & H. Jay Folberg, "Alternative Dispute Resolution: An Empirical Analysis", 46 Stan. L. Rev. 1487, 1994.
- Rottleuthner, "Probleme der Beobachtung von Arbeitsgerichtsverfahren" in: Alternativen in Ziviljustiz 1982.
- Rungao, Zheng, "ADR in P.R. China", SOFTIC Symposium 2002.
- Sander, Frank E.A., "Alternative Methods of Dispute Resolution: An Overview", 37 University of Florida Law Review 1, 1985.
- Sayre, Paul L., "Development of Commercial Arbitration Law", 37 YALE L. J. 595, 1928.
- Senger, Jeffrey M., Federal dispute resolution: using ADR with the United States government, Jossey-Bass, 2004.
- Stienstra, Donna, ADR in the Federal District Courts: An Initial

Report, Federal Judicial Center, November. 2011.

- Tarabeux, X., "La pratique de la médiation judiciaire devant la Cour d'Appel de Paris", Droit et Patrimoine, Décembre. 1999.

- Terry, Jeffery, "A new US arbitration statute for the 21stcentury: an English Perspective in the wake of the English Arbitration Act 1996", in Arbitration Now: Opportunities for Fairness, Process Renewal and Invigoration, 111, 128 (Paul H. Haagen, ed.), American Bar Association, 1999.

- Trachte-Huber, E. Wendy & Stephen K. Huber, Alternative Dispute Resolution: Strategies for Law and Business, Anderson Pub. Co., 1996.

- Twining, William, "Alternative to What? Theories of Litigation, Procedure and Dispute Settlement in Anglo-American Jurisprudence: Some Neglected Classics", 56 Mod. L. Rev. 380, 1993.

- Vidmar, Neil & Jeffrey J. Rice, "Jury-Determined Settlements and Summary Jury Trials: Observations About Alternative Dispute Resolution in an Adversary Culture", 9 Fla. St. U. L. Rev. 89, 1991.

- Ward, Ettie "Mandatory Court-Annexed Alternative Dispute Resolution in the United States Federal Courts: Panacea or Pandemic Symposium: Transatlantic Perspectives on Alternative Dispute Resolution", 81 St. John's L. Rev. 77, 2007.

- Ware, Stephen J., Principles of Alternative Dispute Resolution, Thomson/West, 2007.

- Winkle, John R. Van, "An Analysis of the Arbitration Rule of the Indiana Rules of Alternative Dispute Resolution", 27 Indiana Law Review 735, 1994.

외국 ADR, 득이 되면 수입하자

- Wolaver, Earl S., "The historical background of Commercial Arbitration", 83 U. Pa. L. Rev. 132, 1934.

- Wood, Diane P, "Court-Annexed Arbitration: The Wrong Cure The Role of the Jury in Civil Dispute Resolution," 1990 University of Chicago Legal Forum 421, 1990.

- Yamada, Aya. "ADR in Japan: Does The New Law Liberalize ADR from Historical Shackles or Legalize It?", 2(1) Contemp. Asia Arb. J. 1, 2009.

- 山本和彦, "ADR 基本法に関する一試論 —ADRの紛争解決機能の強化に向けて", ジュリスト, No.1207, 2001. 9.

- 三木浩一, "仲裁制度の国際的動向と仲裁法の改正の課題", ジュリスト, No.1207, 2001. 9.

- 三上威彦, "比較法的視点からみた わが国 ADRの特質", ジュリスト, No.1207, 2001. 9.

- 三上威彦譯, 比較裁判外紛爭解決制度, 1997.

- 小島武司・伊藤眞編, 裁判外紛争処理法, 有斐閣, 1998.

- 小柳光一郎, "交通事故紛争処理センターにおける業務の実態と今後の課題", ジュリスト, No.1207, 2001. 9.

- 楊磊, "中華人民共和國 における 人民調停制度", 修道法學 第12卷 第2号, 1990. 3.

- 齊樹潔, 民事審前程式, 廈門大學出版社, 2009.

외국 ADR, 득이 되면 수입하자

펴낸날 2020년 2월 17일

지은이 박철규
펴낸이 주계수 | **편집책임** 이슬기 | **꾸민이** 전은정

펴낸곳 밥북 | **출판등록** 제 2014-000085 호
주소 서울시 마포구 양화로 59 화승리버스텔 303호
전화 02-6925-0370 | **팩스** 02-6925-0380
홈페이지 www.bobbook.co.kr | **이메일** bobbook@hanmail.net

© 박철규, 2020.
ISBN 979-11-5858-639-3 (03330)

※ 이 도서의 국립중앙도서관 출판예정도서목록(CIP)은 e-CIP 홈페이지(http://www.nl.go.kr/
 cip)에서 이용하실 수 있습니다. (CIP 2020005344)